Dodendans 2014

Wim van Binsbergen

Dodendans

2014

Hedendaagse beeldgedichten bij de Vroegmoderne
houtsneden van Hans Holbein Jr

Haarlem: Uitgeverij Shikanda

Colophon

Dodendans 2014: Hedendaagse beeldgedichten bij de Vroegmoderne houtsneden van Hans Holbein Jr werd geschreven te Haarlem en Antwerpen, 2013-2014

© 2014 Wim van Binsbergen / Uitgeverij Shikanda
http://www.shikanda.net/PRESS/index.htm

ISBN 978-90-78382-17-1

illustraties: voorplat, inhoud van een rijk graf uit het Neolithicum (gefoto-
grafeerd in het Archeologisch Museum, Varna, Bulgarije, 2013) – en één van
Holbeins houtsneden; de houtsnede op het achterplat is gebaseerd op een foto
door Patricia van Binsbergen ©2014; illustratie p. 118, gebaseerd op een foto van
een Boeddhahoofd opgenomen in de spontane begroeiing van het ruïneveld te
Ayuttaya, Thailand, © 2010 Wim van Binsbergen

De in deze bundel opgenomen houtsneden van Hans Holbein Jr (ca. 1497-1543),
waarop het auteursrecht reeds eeuwenlang verlopen is, zijn gekopieerd uit
diverse bronnen, waaronder vooral genoemd mag worden: Douce, Francis, 1833,
*The dance of death exhibited in elegant engravings on wood, with a dissertation
on the several representations of that subject but more particularly on those
ascribed to Macaber and Hans Holbein*, Londen: Pickering; en (met
authentieker lijnenspel): Holbein, Hans, 1958, *Bilder des Todes*, Leipzig: Insel
Verlag.

versie 11-12-2014

Voor Trecy

Woord vooraf

Dit boek wijkt in zijn uiteindelijke vormgeving sterk af van wat mij oorspronkelijk voor ogen stond. Wie, na meer dan vijfhonderd jaar, de oudste gedrukte boeken van Europa opslaat (de zogenaamde *incunabelen*), wordt getroffen door hun verbazingwekkende typografische rijpheid – hun vormgelijkenis met hedendaagse boeken. Misschien doordat het Chinese voorgangers had gehad (die door het volstrekt andersoortige schrift echter nogal anders moesten opgemaakt – hoewel later de opmaak van de eerste Chinese encyclopedieën die van het Westen onmiskenbaar heeft beïnvloed), vond het Europese boek al bij de geboorte zijn definitieve vorm, van bladspiegel, paginering, opmaak, hoofdstukindeling etc. – gelijk de Oudgriekse godin Athena, die volwassen en in volledige wapenrusting, werd geboren uit haar vaders hoofd, opengekliefd door haar broer de smid Hephaestus (over wie ik een groot boek ter perse heb, en die ook in deze bundel af en toe verschijnt). In één belangrijk opzicht echter wijken de incunabelen typografisch af van hedendaagse boeken: voetnoten werden aanvankelijk niet *onderaan* de bladzijde geplaatst, maar in een rand rond de in het centrum van de bladspiegel geplaatste en in groter corps gedrukte hoofdtekst. In Hebreeuwse en andere bijbelcommentaren heeft dit gebruik zich nog lang gehandhaafd. Hoewel een dergelijk formaat met hedendaagse tekstverwerkingsprogramma's zeer moeilijk te verwezenlijken is, streefde ik er aanvankelijk naar het door te voeren in de huidige dichtbundel, compleet met archaïserend lettertype, versierde initialen, en marginaal geplaatste noten – die, zoals gewoonlijk in mijn dichtwerk, overvloedig zijn toegevoegd en aansluiting zoeken met het wetenschappelijk onderzoek dat mij dag en nacht bezighoudt. De prijs van een dergelijke opmaak bleek echter te hoog, niet alleen omdat de produktietijd veel langer zou worden, maar ook omdat het resulterende boek voor de meeste lezers vrijwel onleesbaar zou worden. Deze eerste versie van *Dodendans 2014* verschijnt daarom in de bij Shikanda inmiddels gebruikelijke tekstletter. Misschien dat er ooit een herziene editie komt in de oorspronkelijk beoogde opmaak.

Overigens heb ik niet *al* Holbeins dodendans-houtsneden gebruikt: in zijn tijd was het onvermijdelijk om de hele wereldlijke en kerkelijke hiërarchie stap voor stap af te lopen, maar nu daar voornamelijk heel andere hiërarchieën voor in de plaats zijn gekomen, heb ik een keuze gemaakt, en ook een deel der bestaande afbeeldingen een meer moderne interpretatie gegeven.

De lezer zal verbaasd, misschien geschokt, zijn door de overvloed aan Bijbelcitaten die, als steeds, mijn dichtwerk (en de aantekeningen daarbij) blijkt binnengeslopen. Nederland is een overwegend seculiere samenleving geworden, waarin religieuze accenten goeddeels aan buitenlanders zijn voorbehouden; die komen overigens ook aan bod in dit boek. Na een gematigd-Roomskatholieke opvoeding, en terwijl ik het Gymnasium-B doorliep aan een door paters gerunde school, verloor ik voorgoed mijn Christelijk geloof op 15-jarige leeftijd. Daarna werd ik – toch niet per ongeluk – specialist in de godsdienstantropologie, in welk kader ik zeer vaak en in drie continenten aan godsdienstige praktijken heb meegedaan, er zelfs leiding aan gegeven heb. In het kader van mijn onderzoek van de Mediterrane Bronstijd heb ik de laatste jaren een intensieve, nogal ontluisterende wetenschappelijke studie gemaakt van één bepaald Bijbelboek, *Genesis* 10 (wat geleid heeft tot hoofdstuk 6 van: Wim van Binsbergen & Fred Woudhuizen, *Ethnicity in Mediterranean Protohistory*, British Archaeology Reports, Archaeopress, Oxford 2011). Dat de Roomskatholieke kerk in mijn jeugd een grootscheepse criminele organisatie voor sexuele kindermishandeling blijkt te zijn geweest is erg genoeg en verdient aan de kaak gesteld (zoals in het gedicht 'De Pater' in deze bundel), maar ik heb er zelf gelukkig nooit iets van gemerkt; van de andere kant, dat ik minstens zes talen beheers en nog dagelijks mijn wis- en natuurkunde van school ter beschikking heb, heb ik wel aan die religieuze organisatie te danken. De kinderkamers van mijn ziel en geest zijn en blijven gestoffeerd met het traditionele Christendom, en ik zie voor mij persoonlijk (maar mijn kinderen zijn atheïstisch opgevoed) geen reden daar het behang van de muren te gaan trekken. Sterker nog, ik constateer dat ook Holbein zich daar bijzonder thuis voelt.

De anatomisch (en met name sexueel) expliciete passages in deze bundel vallen nogal op temidden van mijn andere poëzie, en kunnen evenzeer bevreemding wekken. Wat mij tot deze eenzijdige nadruk brengt zijn vooral Holbeins prenten, die vaak slechts tot nietszeggende of vergezochte beelden en verwoordingen aanleiding geven, maar in ieder geval steeds een netjes geklede stervende laten zien in interactie met een grotendeels ongeklede, tot op het bot uitgebeende, soms nog met lappen vlees en huid en verdwaalde organen omhangen Dood – en aldus lijken te zinspelen op geheime mogelijkheden, verlangens en handelingen. In het aangezicht van de dood roert zich de levenskracht – zoals wij ook van mannelijke gehangenen weten, en van vroegtijdig barende vrouwelijke zoogdieren in nood. Dit boek hoeft daarop geen uitzondering te vormen.

Ten slotte een woord over de vele voetnoten. Zij verlenen dubbele bodems van ironie en vervreemding aan de Elyseïsche betekenisvelden die in de gedichten zelf worden opgeroepen, en sluiten ook inhoudelijk aan bij mijn *habitus* van wetenschappelijk schrijven. Zij weerspiegelen mijn lopend onderzoek naar de ontologische, natuurwetenschappelijke en transcontinentale basis van Afrikaanse kennissystemen. Dit is wat mij dan in dag uit hartstochtelijk bezighoudt. Maar als ik dat werkelijk belangrijker zou vinden dan poëzie was deze bundel niet geschreven.

Wim van Binsbergen
Haarlem, september 2014

Inhoud

Die ſchöpffung aller ding.

Intelligent Design

Goddelijke selectie[1] schept orde
uit chaos: van alle roofdieren alleen de wolf,
en verder alles tam en mak, schaap en paard
proberen nog de namen aap en aardvark uit[2]
de vissen hebben nog alleen een voor- of achterkant
water genoeg in ieder geval al
voor de Zondvloed[3]

De slak is reuzengroot en vraagt verbaasd
waarom het schaap een halve voorpoot mist
de hagedis de pootjes nog erbij bungelend hoopt
dat hij de slang straks wordt serpent[4]

---

[1] Verwijst indirect naar de, al een eeuw door de meeste specialisten aanvaarde, Darwin / Wallace hypothese van evolutie door natuurlijke *selectie*, midden 19e eeuw van onze jaartelling. Een van de belangrijkste alternatieven is de (vooral fundamentalistisch-Christelijke) hypothese van het 'Intelligente Ontwerp', volgens welke een hoger, goddelijk bewustzijn uitdrukkelijk heeft ingegrepen ten behoeve van het ontstaan van het leven op aarde en de daaropvolgende ontwikkeling van de soorten. Deze laatste zienswijze wordt in dit gedicht aan de kaak gesteld.

[2] Adam, volgens *Genesis* de eerste mens, hier liggend afgebeeld steunend op één arm, had namelijk juist de dieren namen gegeven maar deze namen hadden nog geen vanzelfsprekendheid verworven.

[3] De bijna totale uitroeiing van alle dierlijk leven op aarde door een wereldwijde overstroming, waaraan slechts de zondvloedheld Noach ontkomt in een zelfgebouwde ark, samen met het grootste deel van zijn familie, en twee exemplaren van elke diersoort. Om de nadrukkelijke eind-h tot zijn recht te laten komen schrijf ik נוח als Noa*ch*.

[4] Nadat, zoals op de houtsnede bij dit gedicht getoond, de Schepper de eerste

Nu nog alleen als wolkworst voorbereid
tenzij de armdikke regenworm naast Gods kroon
al in de boom als slang positie heeft gekozen

Op een pisangblad een haas met 1 oor
misschien bedoeld als holvoorstelling maar
zo dicht aan het water zo nat? van de 4 winden
blazen er 3 hun eerste zweefvliegtuigjes aan
de 4e drijft de nog niet voltooide maan
op naar de 1e zon van 'Er zij licht' [5]
de sterren blijven geomantische
figuren[6] uit een toverboek

---

vrouw Eva heeft doen ontstaan uit een rib van Adam, verbiedt hij hun van één
bepaalde boom te eten – die van de Kennis van Goed en Kwaad. Een boomslang
verleidt Eva dit verbod te overtreden. Als straf daarvoor komen pijn (vooral
baringspijn en menstruatie), arbeid en dood in de wereld en in het mensen-
leven – terwijl de slang gestraft wordt met amputatie van zijn vier poten.

[5] *Gen.* 1:3; dit hele gedicht volgt losjes de beschrijving van de schepping in dat
bijbelboek.

[6] Geomantiek (waarop mijn historisch en vergelijkend onderzoek van de laatste
decennia sterk gericht is geweest) is een voornamelijk van astrologie afgeleide,
over alle drie continenten der Oude Wereld verbreide en door 'toverboeken'
ondersteunde, vorm van waarzeggen waarmee door toeval geproduceerde
getallen worden vertaald in symbolen bestaande uit vier of meer regels van
ieder twee (even) of een (oneven) elementen, aangeduid door punten, rondjes,
strepen, of (in de Middeleeuwse en Vroegmoderne Europese variant) door
sterretjes. Vgl. Dante, *Purgatorio*: xix, 5, waar ook enkele van de geomantische
combinaties met name worden genoemd en in sommige Dante-uitgaven door
patronen van sterretjes afgebeeld:

> 'Nell'ora che non può il calor diurna
> intepidar piú il freddo della luna,
> vinto da terra e talor da Saturno:
> quando i geomanti lor maggior fortuna
> veggiono in oriente, innanzi all'alba
> surger per via che poco le sta bruna;
> mi venne in sogno una femmina balba'

Dante's trilogie *La Divina Commedia* (1308-1321) beschrijft hoe de dichter in het
hiernamaals (Hel, Vagevuur, Hemel) wordt rondgeleid door zijn meer dan
duizend jaar oudere vakgenoot Vergilius.

Op zijn kroon draagt God de kruisberg al
voortijdig door de Zoon bemand
waaronder twee gemantelden (de moordenaars?): de Vader zelf
en ook de Heilige Geest beiden vermomd als borsten
(of Dante en Vergilius?) God blijkt
een stokoude tovenares een vroedvrouw
haar baard is een vermomming
of nee, natuurlijk is zij heel gewoon
hermafrodiet

De schepper schept met haar
twee rechterhanden, waarvan er een
afhangt langs haar rechterknie, de andere
klauwend Eva's linkerborst de maat neemt
hoewel haar *Kindchen*-model[7] en poezelige
handje in Gods baard daar niet bij past ('Een A-cup!')[8]

Adam in norse pose als Prometheus[9]
wachtend op adelaar die zijn lever aanpikt
dit is geen slaap, maar lijdelijk verzet
het hert kijkt hem streng aan: 'Wat moet dat
plasje dat daar naast je linkerdij ligt?'

---

[7] Kenschetsing van een karakteristiek formaat van jonge zoogdieren (relatief groot hoofd, min of meer afwezigheid van secundaire geslachtskenmerken), waardoor zij vertedering wekken van oudere soortgenoten, in plaats van agressie of paringsdrang.

[8] Moderne standaardmaat van de kleinste bh.

[9] Verwijzing naar een andere cyclus van scheppingsverhalen (Hesiodus, *Werken en Dagen*) – de Griekse. Prometheus is een der Titanen (tegenstanders van de op hen volgende, Olympische, goden onder wie de weergod Zeus). Prometheus schept de mens en steelt voor deze het vuur uit de hemel, maar wordt door Zeus voor deze transgressie gestraft: aan het Kaukasusgebergte geketend komt elke dag een adelaar een stuk van zijn lever eten.

Wij weten het: als na de Vloed de raaf
uit de gestrande ark wordt uitgezonden[10]
beschuldigt hij Noach dat het om Vrouw Raaf is
die immers achterblijft. De vloedheld
heeft het kennelijk van geen vreemde
hij wandelde[11] met God en leerde zo
wat die bedoelde met
Intelligent Design:

Een viespeuk die zich eeuwenlang verlustigd heeft
in het ontwerpen van geslachtsorganen
en nu dat van Adam zo passief er bijligt
duidt tentvorming onder Gods gebocheld bovenkleed
dat zij zich heel wat voorstelt van het straks in klei
knijpend, rekkend, priemend boetseren van Eva haar
kutje naar eigen beeld en gelijkenis.

---

[10] Het uitzenden van eerst een raaf en daarna een duif na het stranden van de ark op het hoogste punt van de weer droogvallende aarde, is een gegeven uit *Genesis* (8:6 e.v.), maar Raafs beschuldiging dat het Noach bij deze uitzending slechts om Mw Raaf te doen is (zoals Koning David zich ook van zijn generaal Uriah afmaakte omwille van diens vrouw; 2 *Samuel* 11:15), staat slechts in Joodse Talmoedische tradities. Overigens is Raaf ook een wijdverbreide hoofdfiguur in de mythologieën van Noord-Amerika, waar verreweg de meeste van de zondvloedverhalen van de mensheid te vinden zijn, en waar dit genre misschien vandaan komt.

[11] *Gen.* 6:9; hetzelfde daar eerder gezegd van Noach's mannelijke voorouders.

Adam Eua im Paradyß.

Adam en Eva in het Aards Paradijs

Haar pootjes zou de slang later pas verliezen
en draagt ze zelfs nu nog verschrompeld onderhuids
maar dat wist Holbein niet; wat Adam echter
onder het benoemplukken tot jubelen brengt
is het besef dat zij als eerste
daad in de cultuurgeschiedenis *paaldansen* uitvindt
zo brengt elke louche nachtclub aan de erfzonde steeds
weer een eerbewijs; en met haar blonde ordinaire bekkie
grauwt ze Eva toe dat die zich niets moet verbeelden:

Het leviteren van een appel langs de zijkant van de hand
terwijl daarachter een oerpaard hinnikt
schaap en lam stoeien aan je dijen, een aap
afgrondje speelt met zijn uitgerukte onderkaak en hart,
een hert zijdelings kapseist omdat egel
zich door haas vlooien laat, en slak en hagedis
aan Adams voeten al de uitgang van het Paradijs –

Het kan Gods leugen van doodloos Paradijs niet keren
want Adam mag een frisse vijftiger lijken
hoewel met laatste kracht de boom omklemmend
maar Eva lijkt er tachtig, haar haar in vieze
slierten, haar voorhoofd kaal, haar dikke pens
kantelt haar topzwaar al het graf in en het sjaggerijn
belooft al rond haar mond hoe zuur de appel is

17

Een schaakpaard links ziet dat de boom
minstens één geribde antilopehoorn als tak heeft
en op een andere tak laat Draakje onder zijn krulstaart
de even kleine Griffioen[12] met ingeplante
krokodillenvoorkant als vleugels gauw een poepie ruiken
de appelboom transgenereert naar eikenloof

Indachtig de vroeg-Christelijke traditie[13] is de zondeval
het zoet dat boven hun hoofd hangt in de bijenkorf

Monsterlijk uitvergroot blijkt dat: Adams voorhuid

Maar Eva, oud wijf, haar afgewende
schaamstreek klemmend tussen scheve dijen
weet echt niet wat hij nu weer van haar wil.

---

[12] Griffioen: heraldiek / mythisch wezen uit de Mediterrane Bronstijd, combi-
natie van adelaar, leeuw en andere dieren, symbool van het Myceense koning-
schap in Griekenland, en misschien van diens band met de Hyksos koningen
die Egypte veroverden in de 17e eeuw vóór onze jaartelling.

[13] In de oorspronkelijke, Israëlitische versie(s) van het scheppingsverhaal was
de godgelijke kennis van goed en kwaad genoeg ter kenschetsing van de zonde-
val die aan de eerste mensen werd toegedacht. Pas de (Platonische, en mis-
schien Boeddhistische, invloed weerspiegelende) wereldverzaking van het vroe-
ge Christendom lijkt hier het specifieke verband te hebben gelegd met de
ontdekking van de sexualiteit. Ook de bekende antropoloog / mytholoog Lévi-
Strauss benadrukt het verband tussen honing en sexualiteit. In de zondvloed-
mythen van Zuid-Oost-Azië (bijv. Filippijnen) wordt een verband zondvloed /
sexualiteit eveneens gesuggereerd – wellicht onder invloed van het Christen-
dom dat in die streken al honderden jaren geleden ingevoerd werd, misschien
ook vanuit een oeroud onderliggend model dat dan in de Israëlitische versie
verdrongen zou zijn. Ik heb de laatste tien jaar een omvangrijk, statistisch ver-
gelijkend-historisch onderzoek gedaan naar zondvloedverhalen, en heb hier-
over een boek in voorbereiding. Vgl. ook: van Binsbergen, Wim M.J., met
medewerking van Mark Isaak, 2008, 'Transcontinental mythological patterns in
prehistory: A multivariate contents analysis of flood myths worldwide
challenges Oppenheimer's claim that the core mythologies of the Ancient Near
East and the Bible originate from early Holocene South East Asia', *Cosmos: The
Journal of the Traditional Cosmology Society*, 23: 29-80. Ook de noten bij mijn
dichtbundel *Vloed* (Shikanda, Haarlem 2007) vatten veel van de resultaten van
dit onderzoek samen.

Vßtribung Ade Eue.

Adam en Eva Worden Verjaagd uit het Aards Paradijs

Hang je voet in haar kuit
speel met je kont botsautootje tegen haar zwangere buik
het zal je niet lukken die doos van Pandora[14] leeg te schudden
haar giftige inhoud zal geboren worden de aarde bevolken als pest
hak haar been af onder de knie en zet het weer scheef terug
de ontbladerde boompjes grissen uit haar haar
de klissen tot kindervuistjes onder de kronkelende
dikke darm van de lucht waarin de mensen zijn geworden
tot Gods *appendicitis*

O Heer
nu uit mijn achterhoofd een kromme antenne groeit
met aan het eind een rond knopje, nu ik de schetterlucht
lopend bespeel als een New Orleans begrafenis maar dan piano
nu mijn pik die kennelijk zijn werk
gedaan heeft neerhangt weer als een wichelroede
die waterlagen vermoedt en Eva eindelijk haar
identiteit als Sylvia Witteman[15] prijsgeeft (mopsneus
overgewicht en een mond die 'Stront' zegt)

---

[14] Vgl. Hesiodus, *Werken en Dagen*, 78 *e.v.*: bedrogen door Prometheus' diefstal van het vuur ten behoeve van de piepjonge mensheid, laat Zeus zijn zoon, de smid Hephaestus, een kunstvrouw maken, die voorzien van een doos vol kwalen het mensdom zal straffen – Pandora ('Zij Wie Alles is Gegeven', of 'Zij Die Alles Geeft' – het verhaal lijkt een perversie van het beeld van Moeder Aarde / de Natuur). Evenwel, in mijn werk op het gebied van de vergelijkende mythologie gebruik ik de term 'Doos van Pandora' voor het culturele basiserfgoed dat Anatomisch Moderne Mensen ontwikkelden in Afrika tussen 200.000 en 80.000 jaar geleden; dat zich vervolgens met de Uittocht uit Afrika over alle werelddelen verspreidde; en daarbij uiteraard tal van transformaties en innovaties onderging.

[15] Verdienstelijk schrijfster van *columns* in *De Volkskrant* in de jaren 2010.

Nu wij na een eeuwigheid van lam en leeuw
voorbijstrompelen aan de benen van de staande slapende
en wij de geluidsbarrière doorbrekende echo's horen
van doosje in doosje in doosje: in ons
verborgen toekomstmuziek:

> *'Zie het duister is veranderd.*
> *De fluistercel is leeggestroomd, het trillen kramp.*
> *God trad uit en sloot hun lichaam toe.*
>
> *Gescheiden voortgaand,*
> *Wantrouwig tussen de bomen door*
> *(Benen van de staande slapende paarden van de nacht);*
> *Dan langs van kreten verweerde steden;*
> *Door van zwijgen verkorrelde woestijn.*
>
> *Veel te zwak de oude echoos;*
> *Niet meer te horen het hart.*
> *Stilte schichtig uitvluchtend voor de stilte',*[16]

Zie je pas hoe de roltong van de engel
de aarde bevrucht met zijn wraakzaad
als je goed kijkt zie je: het is Einstein
compleet met geloken puilogen dikke snor en atoomzwaard
altijd braaf en van God mummelend van wie hij
de noodlotstabletten mocht inzien en zelfs een
keertje mocht winnen met dobbelen[17]
en nu toch zijn handtekening gezet onder dat beschamende
document 'Fysici aller lander verenigt U
in naam van de Dood want ee = emzeekwadraat[18]
ultieme Jodenmop in *Selbsthaß*: geen betere
Jap dan een dode Jap'

---

[16] Het gedicht 'Ouders', uit mijn *Leeftocht* (In de Knipscheer, Haarlem 1977).

[17] Einsteins afkeer van de probabilistische quantumfysica drukte hij uit met de woorden 'God dobbelt niet'. Noodlotstabletten is een Sumerisch concept.

[18] De iconische formule uit de Einsteins relativiteitstheorie, $E = m * c^2$, waarin E = energie, m = massa en c = de universeel constante lichtsnelheid. *Jodenmop*: zelf (evenals, althans volgens incidentele identiteitsfantasieën van onszelf en anderen, een deel van mijn familie) behorend tot een met name in Wereldoorlog II extreem vervolgde etnische groep, de Joden, riep ook Einstein ertoe op dat de nieuwe natuurkunde werd ingezet voor het maken van een atoombom die – eveneens ten koste van honderdduizenden onschuldige slachtoffers – het einde van die oorlog teweeg zou brengen. *Zelfhaat* is wat Joden en Joodse humor vaak is aangewreven.

Yep.[19] Jap. Met kromme tenen
omdat ratio's lieveling E. juist zo dienaar bleek van de Dood
omdat Adams navel blijkt afgezakt tot de buikbolling
omdat Doods eigen linkerribben een gebalde hand die zijn hart uitknijpt
waarvan de druppels al neerliggen gestold zijn tot stenen
omdat hij zijn electronische gitaar bespeelt
met een ezelskakenbeen[20] als plectrum
en ook van hem guirlandes van darmen nog
rond zijn bekken hangen als resten eivlies
en hij met onverwacht succes beproeft
scheel te kijken met gefixeerde skeletogen

Om al die redenen blijkt dit het geboorte-uur van de Dood
uit een kabouterpuntmuts tussen de struiken
pal bij de uitgang van het Paradijs
zijn muzikaal debuut tapdansend begeleid
met mensenkreten en inderdaad
hij heeft hier nog als enige een schaduw

We gaven altijd die schildpad de schuld
zijn schulp beladen met de boodschap van eeuwigheid
maar Haas zēnode[21] met lichtsnelheid de toekomstige
wraak reeds van Einstein die Ene
Steen waar de Dood zijn tenen boven kromt, die valsspeler

En dan hebben we het nog niet eens
over het foto-electrisch effect.[22]

---

[19] Niets-betekenende stoplap in het Amerikaans Engels.

[20] Het wapen waarmee Samson een bloedbad onder de Filistijnen aanrichtte (*Richteren* 15:15). Samson betekent 'Zonman', en zijn associatie met leeuw en honing (14:8) suggereert – zie onder, voorlaatste noot in deze bundel – een mythisch luipaard-thema: het effen oer-oppervlak, dat bij aangrijpen van het denken tot granulatie / gespikkeldheid (*prg* > *plsg* > *filist-*) overgaat.

[21] Werkwoordsvorm in de verleden tijd, van 'Zeno', de Voorsocratische Griekse filosoof volgens wie de snelvoetige haas nooit de trage schildpad kon inhalen, omdat de eerste steeds eerst de halve afstand van het resterende traject moest afleggen, aan het eind waarvan de tweede toch alweer een stukje was gevorderd, enz. De strofen geven vooral Afrikaanse mythen weer over de oorsprong van de dood.

[22] De thans zo populaire zonnecellen zijn gebaseerd op Einsteins werk hierover.

23

Adam bawgt die erden.

In het Zweet Uws Aanschijns

Kaïn is een kind des Doods
zijn haarinplant is sprekend die
van de Dood op volgende plaatjes
al is de Dood hier kaal nog
zijn fontanel is een open te krabben
puistje een ijsschol los aan de rand
van kruiend ijs zijn moeder een reuzin
die boosaardig lachend hem haar
vierkante borst toepropt – hij krijgt
het moorden met de moedermelk binnen
zij zit er warmpjes bij in haar rokje
de toegeklapte parasol van Robinson
Crusoë[23] knelt zij in haar arm
als een heksenbezemsteel
en Kaïn met bijna even krachtige
hand houdt die ook vast

---

[23] Schipbreukeling (= zondvloedheld) uit de gelijknamige roman van Defoe
(1719), die onder meer een theoretische verkenning was van de mens in zijn
oerstaat, vóór de vestiging van de samenleving. Robinsons grote parasol, hier
opgerold (waaronder hij overvloedige kleding draagt!), heeft zich in de Noord-
atlantische collectieve voorstelling genesteld. De lange graafstok / handploeg
heb ik leren kennen tijdens veldwerk in West-Afrika (1981, 1982, 1983); overi-
gens heb ik vanaf 1972 vooral veldwerk gedaan onder de Nkoya van Zambia,
Zuidelijk Centraal Afrika, en nog daarvoor in Noord-Afrika, over het onderwerp
volks-Islam.

Dit alles aan de voet van de
Mont Brouilli[24] kaal nog want de
wijnstok komt pas met Noach[25]
maar uiterst rechts is er een
donkerder gearceerd omwentelings-
lichaam van hyperbolen waarin fractalen ooit
die blomme een tale spraken[26]

Wat spruit daar zo dapper uit de stam
met een overlangs spleetje van boven?
Geen ploeg nog, een te lange graafstok
ook nog misleidend omgekeerd, is waarmee
de Dood Adam op het verkeerde been zet

En achter hem als in *science fiction*
onzichtbaar onvermoed een verbluffende staaltje
vroegmoderne technologie een zanduur
van geblazen glas overkokend tot
het zand waarin de kale aarde
haar bladeren dieren zaden verstopt heeft
alleen de wegvliegende
kraaien weten waar

Schraap ze van onder de wortels
volg ze naar Vincents korenveld[27]
zodat Kaïn door vast voedsel los kan komen
van die verstikkende heks

---

[24] Bekende wijnberg in Oost-Frankrijk, herkomst van de gelijknamige Beau-jolais-achtige wijn. In 2012 logeerden wij aan de voet van deze berg.

[25] Volgens *Gen.* 9 was de zondvloedheld Noach de eerste wijnboer.

[26] De wiskunde van de fractalen werd ontwikkeld in de 20^e eeuw rond expo-nentiële vergelijkingen met gebroken machten; afbeeldingen van fractalen worden gekenmerkt door recursieve herhaling. Een bekend gedicht van Gezelle begint 'Mij spreekt die blomme een tale...'.

[27] Kraaien boven een korenveld is een bekend schilderij van Vincent van Gogh, hiernaast in Holbeins houtsnede-bewerking.

Maar pas op: de parallelle
golflijnen onder Adam en de Dood
zijn niets dan notenbalken voor de treurzang
van de aarde die tot heden duurt.

Gebeyn aller menschen.

Die Nedergedaald is ter Helle[28]

Met zijn gestileerde doornenkroon[29]
als een kring van krulspelden rond zijn slapen
(Die Nedergedaald is ter Helle, Die Zijn Haar moet
op de derde dag[30] toch een beetje Fatsoenlijk Zitten)
en zijn linkerschouderblad voor de gelegenheid
aan de voorkant dragend beukt Christus
dat horen en zien je vergaat beukt hij
de melk en het vlees uit de borsten, hij vindt

De bh uit: ruimtelijke spookecho van voeding tederheid
de strakke volheid van het leven opgeroepen maar
ontkend, ram het er uit tot de dood
halve oppervlakte van de bol is
½ * (4 π R²)
stroop haar maar[31] en span dan
haar vel erover bazuinen snorkels
closetrolhouders en dat alles nog gedrapeerd
met lappen verdroogd huidweefsel

---

[28] Een regel uit de geloofsbelijdenis ('Credo...') van de Roomskatholieke kerk.

[29] Volgens het Evangelisch verslag van Christus' lijden onder Pilatus werd hem na de geseling een doornenkroon opgezet, waarmee hij standaard wordt afgebeeld. Merk op dat Christus hier uit de houtsnede van Holbein naar voren komt als Heer, niet van het Leven maar van de Dood.

[30] De dag van zijn opstanding uit de kruisdood, op Pasen.

[31] Stropen van gedode vijanden was een geliefkoosde bezigheid van de Yeke, een Luba-sprekende etnische groep die op het eind van de 19e eeuw vanuit hun oorspronkelijk woongebied benoorden de Zambezi-Congo-waterscheiding naar het zuiden opdrong. Zoals ik terloops vermeld in mijn boek *Tears of Rain* (Kegan Paul, Londen 1992), werd de Nkoyakoning Kabimba aldus geveld en zijn huid meegenomen naar Yekeland.

                                                Dat heb je
als ze allemaal opeens uit hun graf
gered worden: pauken die het koningschap vieren[32]
als cultus van mensenoffers pauken
met stichtingsoffers voor het koninkrijk pauken
waarin de melk des levens gekarnd wordt en schift
pauken hier is er nog geen onderscheid
tussen dode mensen en de Dood.

---

[32] Bij het Nkoya-volk, en hun westerburen de Lozi, vormen pauken voorname attributen van het koningschap. Zij worden geacht te zijn begiftigd met een eigen, sinistere peroonlijkheid, en bij hun ingebruikneming worden mensenoffers gebracht. Zij lijken continue te zijn met koninklijke muziekinstrumenten uit Zuid- en Zuid-Oost-Azië. Het onderwerp brengt mij door zijn gewelddadige associaties in aanzienlijke ethische verlegenheid. Mijn levenslange verbondenheid met de Nkoya maakte mij tot aangenomen zoon van koning Mwene Kahare Kabambi (bij diens dood in 1993 erfde ik koninklijke wapens, en land), terwijl ik in 2011 werd voorgedragen als 'sub-chief' van koning Mwene Moetondo. De mensenoffers zijn mij naderhand als vanzelfsprekendheid meegedeeld, maar zij voltrokken zich voltrekt zonder mijn medeweten laat staan tussenkomst. Zij hadden misschien een reden kunnen zijn om mij walgend van mijn adoptieve verwanten af te keren, maar gezien de recente geschiedenis van het Noordatlantisch gebied, met extreme wreedheden op zeer veel grotere schaal, kon ik mijzelf daar niet toe zetten.

Der Bapst.

Kroning te Washington D.C.

Met zijn drie-lagige bruiloftstaart op
(Jezus Maria Jozef)[33] kan dit alleen maar zijn: de
President der Verenigde Staten van Amerika
want er is nog wel een Paus maar die is niet meer de
hoogstgeplaatste mens op aarde Obama[34]

Francesco[35] zetbaas van hoeren en tollenaars
ratzingerachtige barok van schijnvernieuwende
behoudendheid

Links en rechts schuin boven de machthebber een duivel –
die rechts is Dumbo[36] hoogzwanger van krokodillen-
tranen;[37] en die links van hem

---

[33] Veelgebruikt schietgebedje (= korte magische incantatie) uit het rijke
Roomse leven.

[34] President van de Verenigde Staten van Amerika, 2009–

[35] Paus Franciscus II (in 2013 opvolger van de bij uitzondering bij het leven
afgetreden Duitse paus Benedictus XVI, oorspronkelijk Ratzinger geheten),
vasthoudend aan centrale twistpunten zoals celibaat en verbod op de vrouw in
het priesterambt, niettemin naar Nieuwtestamentisch model het gezelschap
zoekend van de genoemde beroepsgroepen.

[36] Naam van een jonge, op zijn grote oren vliegende olifant (als kind ben ik
vaak met hem vergeleken om mijn flaporen) in een 20-eeuwse rolprent van de
Amerikaanse smaak- en mythenverkrachter Walt Disney, wiens tijdschrift *Do-
nald Duck: Een vrolijk weekblad* mij niettemin mateloos is blijven boeien sinds
mijn moeder ons gezinsabonnement zonder overleg opzegde bij mijn vroeg-
tijdig toetreden tot de middelbare school.

[37] De huid op rug en buik is die van een krokodil, ondanks de veel plompere
lichaamsvorm en de olifantachtige snuit.

Lijkt verdacht veel op de gnoe-gehoornde
Jezusduivel van het Laatste Oordeel (zie onder)[38]
een hoofd dat zweeft in de lucht als een middeleeuws schaakbord[39]
de zwangere moet dus de Heilige Geest zijn, vervuld van
parthenogenesis[40]

De pretendent die door de Hoogste gekroond wil worden,
knielt neer voor een hoofdloze griffioendemon met vier borsten
hij heeft ze zeker zojuist gekust zijn mond staat grim van de nasmaak
dat Rutte's moeder dit nog mocht meemaken[41]

Het is ook een duivel met dubbele krulstaart (als een woerd)[42] die
vliegend boven de schare prelaten een tekst vasthoudt – er hangen
met ringen bevestigde medailles aan en de tekst luidt: 'geheel
optrekken tot de stopstreep / de slagboom sluit bij ieder voertuig /
op deze weegbrug
wordt slechts te licht bevonden'[43]

---

[38] Namelijk het gedicht 'Het Punt Omega'.

[39] Verwijst naar de middeleeuwse Nederlandse ridderroman thans bekend als
De queeste van Walewein en het schaakbord, ook door Louis Couperus bewerkt
onder de titel *Het zwevend schaakbord*.

[40] 'Maagdelijke geboorte', een vorm van voortplanting die bij amfibieën en
reptielen nu en dan geconstateerd is, is ook de hybriede voortplantingsvorm
toegeschreven aan Maria, moeder en geliefde van God – welke laatste hier met
de pausachtige machthebber wordt vereenzelvigd.

[41] De Nederlandse premier (2010–) met wie de pretendent wordt vereenzelvigd,
wordt in de media voorgesteld als ongehuwd en wonend met zijn moeder.

[42] Het bezit van een dubbele krul in de staart als kenmerk van de mannetjes-
eend is een trek die breed wordt uitgemeten in mijn gedicht 'Woerd', in de
bundel *Vrijgeleide* (In de Knipscheer, Haarlem 1985).

[43] De laatste regel verwijst naar het bekende *mene mene tekel upharsim* ('gewo-
gen en te licht bevonden') uit *Daniel* 5:25, door een onzichtbare hand op de
paleismuur geschreven te Babylon (een plaatsnaam die 'Hemelpoort' betekent).
Een dergelijke badinerende verheffing van een gebrukstekst uit de openbare
ruimte tot poëzie vindt ook plaats in het bijschrift van een foto van het geboor-
tehuis van de Nederlandse schrijver W.F. Hermans, in mijn vernietigende
pamflet *'Als je negers op een afstand ziet...'* (Shikanda, Haarlem 2014), over
Otterspeers jonge Hermans. De eerste twee regels na het 'aanhalingsteken
openen' heb ik jarenlang te pas en te onpas met mijn jongste dochter gezongen,
op de wijze:

'Pietje gluurt door elke schoorsteen

De Dood heeft zich als kardinaal verkleed, een slang of grote kronkel-penis rijst op uit zijn buik, hij houdt zelfs een kruisstaf vast, maar een zanduur kan ik niet ontdekken

Niettemin zijn onze dagen geteld.

---

en hij zegt de goede Sint
die geduldig staat te wachten...'

Die Keyſerinn.

De Hoofdredactrice van *Vogue* [44]

De Dood is een oude vrouw, wier verlepte borst met gerekte tepel
zichtbaar is onder de flarden van kleding die nooit in
Vogue gestaan kunnen hebben

De keizerin heeft het schoonheidsbuikje van vrouwen in de Late
Middeleeuwen de ijlheid van haar kroon is *ajour*, een wolfsklem [45]
waarin de vertikalen der architectuur diepte schreeuwen de diepte
van het graf

Om haar rechterbovenarm heeft ze een band met metalen pikkels
die rijmen met die van haar kroon niets is minder toegankelijk
aan haar dan haar biceps hoe preventief mag een
kuisheidsgordel zijn zoals de *slendang*vormige [46] Vuitton-
tas [47] nog weer over haar buikje

Snibbig snubneuzig luifelogig zijn de hofdames en
begerig om de keizerin haar wereldse plaats naast
en onder de keizer te ontstelen één van haar
draagt reeds openlijk een lange rok van dezelfde stof
als de in meerlagige symboliek verloren gaande *Vogue*-keizerin
die door de hofdames en de Dood gevoerd wordt tot aan de rand
van haar reeds hoekig gapende graf

---

[44] *Vogue*: smaakbepalend orgaan van de hedendaagse internationale geld-elite.
[45] Ook titel van een indrukwekkend boek (Ambo, Baarn 1992) door de helaas te
vroeg gestorven psycholoog Piet Vroon.
[46] *Slendang* is het Maleise woord voor 'draagdoek',
[47] Poenig symbool van parvenuschap in de jaren 2000-2010.

Niettemin zijn haar onderdanen met heel andere dingen bezig, één
imponeert op de in de verte zichtbare tinnen een aan haar grote hoed
kenbare dame door het omstandig
wetenschappelijk benoemen van soorten stapelwolken

Ook anderen volgen vanaf het balkon dit terminologisch bluffen
waarin wij menen schrijver dezes[48] ten voeten uit te herkennen

De wet van Buys Ballot[49] wordt echter met voeten getreden hoewel wij
ons op het noordelijk halfrond bevinden is de overheersende
windrichting die naar het westen de
Eilanden der Gelukzaligen, de Dood.

---

[48] *Schrijver dezes*: door de in deze bundel herhaaldelijk genoemde W.F.
Hermans gebruikt als pseudonym, maar hier ben ik zelf bedoeld als schrijver
van deze bundel.
[49] Meteorologische wet die in de 19e eeuw verband legde tussen overheersende
windrichting, Noordelijk of Zuidelijk halfrond, en de draaiing van de aarde.

Die Küniginn.

DSK[50]

Terwijl de bejaarde witgeschminkte kamermeisjes (de kroon
nog volstrekt niet van het hoofd gestoten) hem
kennelijk tegen zijn wil meesleuren aan hun rozenkransen
en hij zijn onmiskenbaar door het Internationaal
Monetair Fonds gestaalde kaken vooruitsteekt, even langs-
zuigt om te checken of zijn goudvullingen er nog allemaal in zitten
en terwijl Holbein ook deze gelijkenis juist als die van
Heikrabber, Eensteen en Weißmann[51] onthutsend juist heeft getroffen

Legt DSK vertrouwelijk in een IMF onderhandelings-
gebaar zijn vrije hand op de schouder
van de Dood dat was een van de weinige dingen die hij
nog nooit geprobeerd had zij lijkt een vrouw met kennelijke
borsten onder haar bevreemdende jak en zelfs nog een rode rode
scheve scheve mond alleen haar onbevleesde benen en holle
ogen onder haar zotskap verraden dat zij een
snel en verpletterend einde komt aanzeggen

---

[50] De mannelijke protagonist in het centrum van deze prent is onmiskenbaar
Dominique Strauss-Kahn, voormalig minister van financiën van Frankrijk, die
(ondanks vrijspraak) in 2010 zijn positie als directeur van het Internationaal
Monetair Fonds (IMF) en presidentskandidaat verspeeld zag toen hij door een
kamermeisje in een New Yorks hotel van verkrachting werd beschuldigd; in de
nasleep werd met wellust maar ontluisterend een hele keten van sexuele versla-
ving blootgelegd – ik noem dit het 'Maagdenhuiseffect' (door de aanvankelijk
nauwelijks terechte inbreuk komen feiten aan het licht die de inbreuk van
terugwerkende kracht alsnog zouden rechtvaardigen – als bij de Maagdenhuis-
bezetting in 1969 te Amsterdam, waarbij mijn eigen bijdrage zich helaas
beperkte tot het incasseren van een klap met de bullepees van een politieman).
[51] Zie andere gedichten in deze bundel.

41

Zie de *stars and stripes*[52] in haar gordel zij is een
vanachter ontbladerde[53] takken en hondekluif-
wolken boze *drone*[54] gestuurd om de zo goed op onze
centjes passende spirituele eunuch gericht
beentje te lichten waartoe zij inderdaad al haar rechter-
been optilt als een pissende reu

                             En tegelijk ook
het begeerde zanduur buiten bereik heft
voor deze gelegenheid gevuld met het fijnste goudstof
acht keer zwaarder dan zand,[55] is dat misschien
waarnaar DSK zijn hand probeert uit te strekken
de doorloopsnelheid is hoger dan ooit

En hij wilde alleen maar
zijn kredietcrisis oplossen
een flinke fooi voor het kamermeisje
lag immers al klaar op het nachtkastje.

---

[52] De Amerikaanse vlag ontleent zijn bijnaam aan een herhalingspatroon van sterren en strepen.

[53] Verwijzing naar de ontbladeringstaktiek waarmee de Verenigde Staten van Amerika toch de Vietnamoorlog (1965-1975, volgend op tien jaar aanloopperiode) niet hebben kunnen winnen.

[54] Onbemand miniatuur gevechtsvliegtuig, bestuurd vanaf computers in het thuisland, waarmee de Verenigde Staten van Amerika met harde hand onrecht en wanorde herstellen in Centraal-Azië in de jaren 2010.

[55] De soortelijke massa van zand (SiO_2) is 2,3 en die van goud 19,3.

Der Bischoff.

Sinterklaas na de Bevrijding van Zwarte Piet

Zie Sint thans, na het Zwarte-Piet-debat:[56] primair een herder
politiek geheel correct omgeven slechts
door schapen – mensen hebben zich van hem afgewend
en als je goed kijkt zie je dat
zelfs de schapen hem voornamelijk de kont toekeren

De Dood links draagt een masker dat weer een doodskop is
zijn zanduur heeft hij linksonder geparkeerd ik weet nu
wat het is: de ruimtetijd[57] waarin weer de zwaartekracht als de
                                                    omwentelings-
figuur van een hyperbool in zijn eigen kuilen verzonken zonkt
dus: 'Graf, waar is uw overwinning'
de Dood is Zwarte Piet die ons toespeelt.[58]

---

[56] Vanaf het eerste decennium van de eenentwintigste eeuw van de Westerse
jaartelling is er, mede vanuit het buitenland (tot op het niveau van de Verenig-
de Naties toe) geprotesteerd tegen het Nederlandse volksgebruik van de laatste
paar eeuwen, om het masker 'Sinterklaas' (waarachter vooral de Oudgermaanse
god Odinn schuilging als aanvoerder van de Wilde Jacht van geesten) te doen
vergezellen van een knecht die oorspronkelijk een watergeest was (Oud-Ger-
maans: *nikr*), maar die met het opkomen van slavernij en racisme in de Vroeg-
moderne tijd in het Noordatlantisch gebied allengs de stereotype veronderstel-
de trekken (dikke lippen, krompraten) kreeg van een zwarte slaaf als verper-
soonlijking van de geminachte *Ander bij Uitstek*. Op bijgaande houtsnede is het
hoofdmasker van deze bijfiguur ontdaan en in zijn oude glorie hersteld.

[57] Einsteins Speciale Relativiteitstheorie (1905) maakte een einde aan de natuur-
wetenschappelijke en filosofische opvatting volgens welke ruimte en tijd afzon-
derlijk naast elkaar bestaande gegevenheden zijn. Dit leidde in de Algemene
Relativiteitstheorie (1916) tot de herinterpretatie van zwaartekracht als een
plaatselijke verstoring van de ruimtetijd.

[58] In het Nederlands luidt de *Statenvertaling* (*1 Kor.* 15:55): 'Dood, waar is Uw
prikkel? Hel, waar is Uw overwinning'. In het traditionele Nederlandse gezel-

Tussen een paar schapen op de voorgrond
zijn de meeste verdoolden mensen, meer op de achtergrond
bij een kerk waarvan de toren rijmt met 's zielenherders mijter
terwijl de hoogst oprijzende rotsen Theo's lallend in de
nek geworpen dronken varkenskop voorstellen
van marsepein, monkelend naneuzelend van zoet genot

De meest op de voorgrond staande Verdoolde
houdt als Vincent[59] zijn oor vast, zijn kiel
is een aan de samenstellende naden als een schedel vergroeid
schouderblad van een schaap; hij perst zijn buik
tegen het achterste van een ram de ramshoorn[60] waarvoor hij
zijn oren dichtperst in ontzetting het schaap zijn poten zijn er
krom van getrokken

Een effect dat wij ook van sommige andere houtsneden kennen:
de zon staat laag aan de horizon, het is ochtend, avond,
maar nergens zijn (tenzij vlak naast de zon zelf, wat nergens op slaat)
de verwachte lange schaduwen te zien
slechts onder de Dood en de bisschop zelf is er schaduw
alsof de zon hoog aan de hemel staat

Naar oud gebruik aanbidden enkelen de zon
de *horror vacui* doet alle ruimte tussen mensen bevolken met schapen
zodat Theo van Gogh[61] alsnog gelijk kan krijgen

---

schapsspel 'Zwarte Pieten' rouleren de kaarten zodanig, dat elke speler probeert
één als 'Zwarte Piet' (zie boven) benoemde kaart zo snel mogelijk aan zijn (v /
m) medespelers kwijt te raken; vandaar de staande uitdrukking 'iemand de
Zwarte Piet toespelen' – opzadelen met van anderen afkomstige schuld.

[59] Reeds genoemde Vincent van Gogh, verre verwant van reeds genoemde Theo
(zie ook onder), sneed in vertwijfeling zijn eigen oor af. Dat had voor Theo een
waarschuwing moeten zijn. In mijn gedicht 'Voor Theo' (in de bundel *Eurydice:
Vier dode mannen en een vrouw die leeft*, Shikanda, Haarlem 2004) voer ik hem
en zijn beul op, samen besmuikt op één fiets rijdend door hemelland.

[60] Een aloud symbool van de Israëlitische religieuze waarheid. De middeleeuw-
se Joodse filosoof Maimonides schreef een beroemd werk *De Gids der Verdool-
den* / دلالة الحائرين *dalālat ul-ḥā'irīn*, oorspronkelijk in het Arabisch.

[61] Nederlandse cineaste en publicist, maakte een provocerende film tegen de
opmars van de Islam in Nederland, en karakteriseerde Islamieten als 'geiten-

Een ander keert juist de rug naar de zon en ontwortelt
een boompje dat hij, opeens bang geworden, ver van zich afhoudt

De Sint is ook een zonaanbidder zijn mijter
vertoont geen kruisteken maar de astrologische zonneschijf ☉

En, mombakkes voor, voert dan de Dood de bisschop
onder diens arm mee en tast hem met de andere hand in zijn kruis
zoals in de ergste godslasterende versies van
Sinterklaasliedjes soms Sint en Piet.

---

neukers'; hij werd door de Islamistische activist Mohammed B. in Amsterdam-
Oost in 2004 op de verjaardag van onze jongste zoon bij klaarlichte dag op
straat onthoofd, en kreeg zo inderdaad alsnog gelijk.

Der Hertzog.

de Premier

De Dood heeft zijn slapen met wortelloof versierd
en klauwt in de hermelijnenpootjes van 's premiers mantel
dat wil de voedselbankvrouw[62] graag zien terwijl haar kind
(in textiel gevat als in een schildpadschild
en ruimschoots voorzien van zijn vaders krullen)
het zojuist onder de knie afgezaagde been van die hoogste
landelijke ambtenaar losscheurt – dat komt er nu van het
ius primae noctis,[63] denkt de van pijn vertrokken (peet)vader gelaten

De premier legt zijn Wilhelm Tell[64] uit wat de Dood aan het doen is
'Wees maar niet bang, die pootjes zitten goed vast, ik weet best wel
hoe hiermee om te gaan' – maar niet vermoedend
dat een van de zuiltjes die het raamkozijn steunen vervangen is
door een reeds doorgelopen zandloper, een zwart
vrouwenmasker dreigt achter de ontbeende beambte en ook al
heeft het kind olifantspoten twee keer dikker dan zijn vader
de Dood wil ander vlees, het wortelloof is maar
misleiding hij ziet namelijk in 's premiers
kaaklijn dezelfde oude wreedheid als die van hemzelf

'Als je iets links en iets boven de appel mikt', geeft de premier nog raad
'komt het kind er levend van af – maar
iets lager mag ook'.

---

[62] Vanaf eind jaren 2000 deed zich een voor Nederland nieuw, en – gezien de bonussen en salarissen die de banken hun personeel en commissarissen (onder wie oud-ministers) bleven uitkeren, en de staatsfaciliteiten voor het bedrijfs-leven – *beschamend*, verschijnsel voor: de gratis voedselbank ten behoeve van de steeds talrijker armen, onder wie vele door de staat aan de bedelstaf gebrachte kunstenaars.

[63] Recht van de feodale heer op de eerste huwelijksnacht van elke jonge vrouw op zijn land.

[64] Wilhelm Tell, Zwitserse volksheld geassocieerd met de kruisboog.

Der Apt.

De Pater

Met zo'n klein jongetje onder zijn soutane
(je ziet zijn voetjes en de bolling
van zijn hoofd) is het zanduur maar het beste
in de wilgen gehangen want
de tijd staat *stil* in wellust

Wat moet dat lijk zonder Sinterklaaspak
maar met de mijzelf toegedachte staf en mijter[65]
waarom voert het mij
in ironisch lustige polonaise, van 'We
gaan nog niet naar huis', mee –
is *zijn* huis soms *mijn* huis?
ben *ik* soms die Heilige Pool Wojtiwa[66]?

Is dit de zaligheid die ons was beloofd?
het stond hier in dit boek: 'Als gij niet wordt
als dezen zult gij het rijk der hemelen
niet binnengaan'[67]

En bij God
ik ben binnengegaan.

---

[65] Als tekenen van hoge positie binnen de kerkelijke hiërarchie.

[66] Poolse uitspraak van de naam van de Poolse theoloog / filosoof Woltila, later bekend als Paus Johannes Paulus II. Hij werd in 2014 overhaast heilig verklaard, al was zijn voornaamste verdienste het vernietigen van de verworvenheden van de Oktoberrevolutie en de Sovjet-samenleving.

[67] *Matt.* 18:3.

Voorzitter (v / m) van de Volksvertegenwoordiging

Hoi-hoi hij neemt haar mee
zodat ik het eindelijk zelf kan worden

Waarom heeft hij een verwaaid bananenrokje
op zijn hoofd in plaats van rond zijn middel?
Is zij het die straks voor Josephine Baker[68] moet spelen?

Het zanduur is nog vrijwel vol, nog rijdt
zij op de in haar onderbroek
gestoken bisschopsstaf die haar biechtvader
bij haar vergeten was, nog zie je dat zij eigenlijk
hoge hakken draagt, een automatisch lopend
anachronistisch Japans speelgoedhondje
snorrend aan een leiband vanaf haar middel
laat duidelijk zien dat zij een heks is die
verdient te sterven – zie hoe zij haar onderkaak
hovaardig openspert zie hoe aan haar rozen-
krans tientallen kralen ontbreken

---

[68] Amerikaanse danseres van Afrikaanse afkomst (1906-1975), maakte vooral furore tussen de beide Wereldoorlogen, en wel met een racistische stereotypen bevestigend bananenrokje als enig kledingstuk.

Als dit Heloïse[69] is dan is het veel te lang
sinds Abelaerd – is dat hun kind misschien
dat spookje aan de leiband?

Zie dat de poort van het binnenhof eigenlijk
uitzicht op de hemel biedt, met parallelle
wolkenstrepen, en niet op een gebouw

De Dood met barse zwarte gaten in zijn hoofd
is een sergeant-majoor van duivels die haar
aan een halverwege tot textiel verworden houten gaffel
wegvoert naar de hel –

             Helaas valt ook voor mij
de poort toe door mijn al te enthousiaste
uitgeleide.

---

[69] Leerlinge en geliefde van de theoloog / filosoof Abelaerd, de laatste werd
voor straf gecastreerd en in een kloosterorde opgenomen (Frankrijk, 11^e eeuw).

Der Edelman

De Rector Magnificus / Martin Heidegger[70]

Linksboven schikt Gods hand de dikgegeten
wolken van de *Heimat* (waar nu niets
meer is te vreten) over de overslaande kuifgolf van
de lage bergen; Brits driehoekig afgesneden
sandwiches staan klaar, ook al weer
zonder beleg; een kakelkoense haan
komt rechts kokhalsend uitgegleden zijn hol verhout óp
naar de sterren

        En verder op de houten weg[71]
een rechthoekige baar, Ark des Verbonds[72]
van taal, rede en geweld - een godenlichaam dat
tot graanoogst sterven moet[73]

---

[70] De afgebeelde vroeg-zestiende-eeuwse edelman lijkt sprekend op Martin
Heidegger, die zich in de jaren 1920, vooral met zijn meesterwerk *Sein und Zeit*
(1927) had gevestigd als een van de meest vooraanstaande filosofen van
Duitsland. In het begin van de jaren 1930 kwam hij door zijn hang naar authen-
ticiteit en identiteit tot een flirt met Hitlers nationaal-socialisme, dat hij met
name uitdroeg als Rector Magnificus van de Universiteit van Freiburg. Het
debat over deze historische misstap duurt terecht nog voort.

[71] Het boek *Holzwege 1935-1946* / 1977 is een treffende uitdrukking van Heideg-
gers nostalgie naar authenticiteit.

[72] Oudtestamentisch draagbaar heiligdom naar Egyptisch model, waarin als
teken van het verbond tussen God en zijn uitverkoren volk, de stenen tafelen
met de tien geboden werden meegedragen. Verdwenen sinds de Ballingschap
die de Assyrische koning een aanzienlijk deel van de bewoners van het Oude
Israel oplegde kort na 600 voor onze jaartelling.

[73] De stervende of gestorven god uit wiens lichaam akkergewas, zelfs de hele
wereld, voortkomt is een wijdverbreid thema uit de vergelijkende mythologie,

Cassara als Chihamba cassándraat[74]
maar thans is het zanduur nog als filosofenpraat
halfvol halfleeg verzandend wegzinkt in een glasomsloten kuil

Hoe vernuftig voorspelt (als vorm van Zijn, waarvoor reeds spoedig Tijd)
het streeppatroon van de fluwelen mantel
Abraxas'[75] narrenpak Parmenides[76] parmantig
van concentratiekampbewoners de ge-zebra-de pijama's
voor wie het stenen prisma[77] onder offerlaken
geen plaats meer biedt concave mouwen van de grootste denker
ruisend, wervelend als flamengo-rokken
ontkennen de plissérok van rechtlijnigheid
waaruit in imitatie van een heupgewricht een
steeksleutel[78] tegen reputatieschade steekt
het heupbeen van de Dood als Jacobsbeen[79] scherpstelt – *ik
heb de sleutel van de waarheid*

---

en omvat godengestalten uit de Mediterrane Oudheid (Thammuz, Dionysus, Attis, Jesus), Midden-Amerika, Afrika, Oost-Azië, en Zuid-Oost-Azië.

[74] Cassara: demiurg bij de Westafrikaanse Manjacos, verwant aan bovengenoemde vegetatiegoden en aan Chihamba, een witte, maïs-gerelateerde vegetatiegod uit Zambia (voor welk land de *Chihamba*-cultus werd beschreven door Victor Turner in het gelijknamige boek, Manchester University Press, Manchester 1962). Cassandra was een Trojaanse onheilsprofetes, haar naam wordt hier als werkwoord opgevoerd.

[75] Abraxas: Demon uit de Late Oudheid, komt voor in toverformules zoals vooral op papyri overgeleverd.

[76] Parmenides: Voorsocratische filosoof die trachtte te bewijzen dat verandering onmogelijk is, en alle zijnde permanent; grote invloed op Heidegger.

[77] Een prisma is in de eerste plaats een regelmatige driedimensionale figuur opgebouwd uit rechthoekig op elkaar staande rechthoeken (en dat is hier aan de orde), en pas in tweede instantie een helder glazen prisma-vormig voorwerp waarin lichtbreking plaatsvindt, als in een verrekijker. Een groot prismavormig voorwerp wordt in veel van de boven aangehaalde culten vereerd.

[78] Zichtbaar tussen bekken en rechterdij van de Dood.

[79] Toen Jacob aan de oever van de doorwaadbare beek Jabbok vocht met God in de gedaante van een watergeest, werd zijn heupgewricht ontwricht (*Gen.* 32). Deze passage neemt in mijn recente wetenschappelijke werk een belangrijke plaats in: de waternaam is een aanwijzing voor proto-Bantoe in West-Azië in de Bronstijd (alleen in proto-Bantoe betekent *jabbok* 'doorwaadbare plaats'). Overigens heeft de controversiële amateur-mytholoog Robert Graves betoogd dat het ontwrichten van het heupbeen een standaardprocedure was bij de intronisatie van een koning in Westelijk Eurasië inclusief het Oude Europa.

In deze angstdroom kan de Dood slechts Samson zijn
en door zijn leeg gevest (een holle driepoot) ondersteund
breekt onder zijn viooltjeszwammenhoed
Heidegger het peinzend krabben af tussen schouderbladen
pogend met zijn te strompe pommel de jeukplek te bereiken
(pogend om in zijn te scherpe denkraam het Zijnde te Tijden[80])
(waar een coelocanth[81] zich aan de mouwomslag gehecht heeft)

                                   Breekt áf,
om met zijn zwaard de paar misplaatste haren
van Dood zijn schedel af te houwen want daarin
lag immers diens kracht?[82]

Totdat hij ziet hoezeer zijn zebra-kleed
vooruitloopt op de ribben van de Dood
voort-ribfluweelt 't gestreepte
doodskleed van de Tijd
en terwijl de doodsvoet walmend strekt vergeet
zijn eigen snor te scheren scherend
scherend langs het Schijn.[83]

---

[80] Verwijzing naar *Sein und Zeit,* en naar de beginregels van de klassieke taoïstische tekst 道德經 *Dao De Jing:* 'de naam die de zijnswijze van het zijnde benoemt, is niet de echte naam'.

[81] Archaïsche vissoort, in geen tientallen miljoenen jaren veranderd, en pas in de jaren 1930 binnen het zicht van de Westerse wetenschap gekomen. In mijn studie over *Traditional Wisdom* (Koninklijke Academie voor Wetenschappen, Brussel 2009) stel ik dat de wetenschap deze blinde vlek niet zo lang zou hebben vertoond indien interculturele communicatie op voet van gelijkheid had doen beseffen dat deze vis bij de Oostafrikaanse bevolking altijd bekend is geweest, gegeten werd (zij het met tegenzin), en sinds een eeuw zelfs schuurpapier levert voor het plakken van fietsbanden.

[82] Verwijzing naar de Bijbelse legende van Samson, wiens onvergelijkelijke kracht in zijn nooit geknipt haar schuilde, tenslotte door zijn verradelijke minnares Delilah (*Richteren* 16) geknipt, waarna de held aan zijn vijanden kon worden uitgeleverd.

[83] Het spel hier, en in de andere gedichten in de bundel, waarbij van eigennamen en andere zelfstandige naamwoorden, vervoegde werkwoordvormen worden gemaakt, is ook een spel op *Sein* (werkwoord) en *Zeit* (zelfstandig naamwoord).

Der Thůmherr.

De Kanunnik / Desiderius Erasmus[84]

Zegelring en met bontstaarten afgezette schoudermantel
waaronder superplie[85] met denkkronkels versierd
('Melanchton,[86] is dit de zwarte aarde van Uw dwalen,
het Kemet van Hermetische ketterij?') – zij maken
dat hij de Dood trots recht in 't gezicht kan kijken
als die het bijna doorgelopen zanduur toont –

'Ach, Goede Dood, dank voor Uw pijpen.[87]
Hoe laat het is? Ik kan 't U zeggen
als gij 't zelf niet en weet: *tijd om het zanduur om te keren*[88]

---

[84] Desiderius Erasmus (Grieks-Latijnse vorm van de Nederlandse naam Geert
Geertz.): te Rotterdam geboren kind van een in concubinaat levende priester.
Ontwikkelde zich na 1500 tot de Prins der Humanisten, in nauw contact met
andere grote geesten van zijn tijd zoals Thomas Moore en Melanchton. Hij
wees Luthers hervorming af. Niettemin moest Erasmus nog op het eind van zijn
carrière de Paus tevergeefs smeken om de schande van zijn onechte geboorte
door de vingers te zien, zodat hij voor kerkelijke promotie in aanmerking kon
komen.

[85] Het rituele onderkleed van een Roomskatholiek priester.

[86] 'Zwarte Aarde', vergrieksing van de oorspronkelijke naam *Schwarzerd* van
Melanchton als vooraanstaande humanist en hervormer. Kemet, 'het
Zwarte Land', is de naam die de Oude Egyptenaren aan hun land gaven, met
name de vruchtbare strook langs de Nijl. Hermes Trismegistus is de pseudo-
epigrafische (d.w.z. imaginaire, fictief toegeschreven) auteur van esoterische
geschriften uit de Late Oudheid, die in de Renaissance als tijdgenoot van Mozes
werd beschouwd, en waarvan het 'Hermetische' gedachtengoed de belangrijkste
occulte onderstroom in de Europese traditie uitmaakt.

[87] Vgl. P.C. Boutens' bekende gedicht 'Goede Dood wiens zuiver pijpen...'

[88] Slimme Geert: keer het zanduur om en de toegemeten tijd begint opnieuw!

In dit ons kerkduister zien wij niet de hoge zon
maar deze valkenier hier achter ons is hoeder
van zonnevogel Horus[89] in de hemelruimte
boven de natte zwarte aarde waar gij Uw mollen kweekt'

De tempelvoorhang gescheurd bij 's Heilands dood[90]
en kennelijk gerepareerd dreigt weer te scheuren
want voor Erasmus hoewel toch niet bepaald
Gods zoon[91] dreigt thans de Dood.

'En let ook op mijn hoed die straks
het zinnebeeld van Nederlands nieuwste,
meest afgetuigde universiteit[92] zal worden:
geneeskunst, recht en marketing, als ik echt
filosoof was zou ik tot bontstaartfranje komen dienen'

Maar 's valkeniers omtreste boxhandschoen biedt ook
nog hurkend plaats aan 't angstkonijn, de roofdierklauwen
diep in de hals; twee laffe engelen
proberen achter de boogpoort door te gaan
voor stenen beelden; aan hun voeten
in duisternis gehuld de zot met zotskap
die steeds achter Erasmus aan danst, gelijk zijn
vele vijanden uit 't zelfgenoegzaam Leuven[93]

---

[89] Horus: Oudegyptische god in de gedaante van een valk, heer van het hemel-
ruim, en alter ego van de Egyptische koning. Oud-Egypte bleef echter buiten
het gezichtsveld van Erasmus en zijn Europese tijdgenoten.

[90] Volgens het Evangelische verslag scheurde bij Christus' kruisdood de voor-
hang van de tempel te Jeruzalem.

[91] Onecht kind zoals ikzelf, ging Erasmus onder deze hoedanigheid zijn hele
leven gebukt – hij had een hogere rang in de Roomskatholieke kerk nodig voor
een groter en stabieler inkomen als basis voor zijn wetenschappelijk werk.

[92] De Erasmus Universiteit Rotterdam, met in hoofdzaak de genoemde facul-
teiten – zodat met name de filosofische faculteit, die in het rijtje van medicij-
nen-recht-handelswetenschappen nauwelijks thuishoort, sterk het karakter
heeft van een (fraaie) vlag op een (goedgebouwde) modderschuit waarmee –
het is Rotterdam! – reder en beurtschipper overigens goed geld verdienen.

[93] Destijds, zoals thans, een bolwerk van Roomskatholieke geleerdheid, waar
Erasmus zeer veel tegenstand ontmoette. Ik bekleedde hier vele jaren een

Ja, Attisch schrijven als een Xenophon, en de kameel
als kabeltouw ontmaskeren voordat het naaldenoog
zich sluit[94] – wat baat het als je priestervader
boeleert en kinderen fokt in Rotterdam
en al je bijbelcommentaren, *Miles Christianus*,
en spreukenbundels lang vergeten zijn
en slechts je als een grap bedoelde *Lof der Domheid* blijft[95]

Dit past een domheer:[96] de gestolde uitgerekte
snotbel wordt de pommel van een zwaard
waarmee de valkenier zijn terugweg afsnijdt
gelijk de engel ons vlammend uit het
aardse paradijs[97] verdreef –
                     gelijk ondankbaarheid
de eveneens onecht geboren dichter ondergeschoven
namaakfilosoof vijand uit Amsterdam
van zijn leerstoel en promotierecht.[98]

---

bestuursfunctie.

[94] Twee intellectuele verdiensten van Erasmus. Attisch was een vorm van Grieks zoals beoefend in en rond de stad Athene in de klassieke periode (onder meer door de *minor philosopher* Xenophon), en bleef nog bijna tweeduizend jaar een nauwelijks te dateren maatstaf voor geleerdentaal. Erasmus' frisse kijk op het Grieks van het *Nieuwe Testament* maakte het hem mogelijk vele ingesleten vertaalfouten te verbeteren, onder meer de aan Jezus toegeschreven uitspraak over de kameel door het oog van de naald, in *Matt.* 19:24.

[95] Verdere publicitaire wapenfeiten van Erasmus. Zijn *Lof der Zotheid / Laus Stultitiae / Moriae Encomium* wordt nog steeds vertaald en gelezen. De standaarduitgave, nog tijdens Erasmus' leven, is versierd met houtsneden van Holbein, evenals de onderhavige dichtbundel.

[96] De karakteristieke uitmonstering van Erasmus is die van een kanunnik of domheer, lid van een select maar machteloos college van geestelijken verbonden aan een (bisschoppelijke) domkerk. Vandaar wellicht 'lof der domheid'...

[97] Onderwerp van een eerder gedicht in deze bundel.

[98] De laatste vier regels vatten, onvermijdelijk subjectief, mijn eigen ervaringen samen met de Erasmus Universiteit Rotterdam sinds 1995. 'Namaakfilosoof: ik werd benoemd in de Rotterdamse leerstoel 'Grondslagen van interculturele filosofie' zonder ooit filosofie als hoofdvak gestudeerd te hebben.

Der Ratßherr.

Prof.Dr. Kazemier, Lid van de Hoge Raad

Wittgenstein in de mode, en Kazemier niet: titel van (de tweede druk van) een filosofisch essay door de Nederlandse schrijver W.F. Hermans (1921-1995)

De geest van Wittgenstein klemt zijn knieën
(de blaasbalg der *pneuma* geestesadem hanterend)
inspirerend om Kazemiers achterhoofd, heeft een punthoofd
van ons te tracteren op zijn lijzig denken over zekerheid[99]
is ontploft door inderdaad niet te spreken
waarvan hij dacht niet te kunnen spreken[100]
als ware hij geen dichter besloten dichter te zijn[101]
zijn leefwerelden[102] zijn vleugels in flarden
boven een krullende gepunte duivelsstaart
is hij van kauwgom uitgerekt
opdat nóg een essaybundel[103]

---

[99] Vgl. Wittgenstein, L, 1969, *On certainty / Über Gewissheit*, Oxford: Blackwell.

[100] Vgl. Wittgenstein, L., 1922, *Tractatus logico-philosophicus*, Londen: Routledge & Kegan Paul, lemma 7: 'Wovon man nicht sprechen kann, darüber muss man schweigen.'

[101] Mijn voornaamste bezwaar tegen Wittgenstein, met name diens *Philosophische Untersuchungen* (1953), is dat zijn quasi-veelzeggende, vaak melige mijmeringen dichterlijke inhouden paren aan een zeer ondichterlijke en zeer onvolkomen vorm, waarbij de filosoof volstrekt voorbijgaat aan het feit dat juist de poëzie de uitweg vindt, desnoods met geweld, uit de schijnproblemen die de filosoof opwerpt. Het is kenmerkend voor W.F. Hermans (die zich aanvankelijk als dichter manifesteerde, maar de poëzie totaal opgaf vanuit misplaatste wetenschappelijkheid) dat hij deze kant van Wittgensteins literaire implicaties niet heeft ingezien.

[102] Centraal Wittgensteiniaans concept.

En draagt de gestreepte sjerp van Jonas in de Wallevis[104]
daarachter de Wittgensteinse ladder die de [105]
door hemzelf gebouwde ivoren toren opvoert[106]
maar werp een zo massief gedachtenbouwsel
maar eens om als je eindelijk boven bent
dan gaat er slechts een bel[107]

Maar al betoogt Staatsraad Kazemier nog zo dwingend
en nog zo modieus met duur bontkraag afgezettelijk
tegen zijn ambtgenoot Van Peursen[108] met sierlijk
van inkepingen voorziene denkershoed
(een zonnebloem rond de bloem der Nederlandse
denkers, een Tandrad van Fortuyn[109]), de Buidelaar[110] wiens
mondbeharing

---

[103] W.F. Hermans heeft gewoekerd met zijn teksten over Wittgenstein, ze in steeds weer andere bundels onder steeds weer andere titels onderbrengend. Kazemier was een rechtsfilosoof en rechter, die zich tegen Hermans' Wittgensteininterpretatie keerde en door Hermans met literair-polemische, meer dan filosofische, middelen werd neergesabeld.

[104] Jonas in de Wallevis: niet bijzonder relevante verwijzing naar een bekend kinderliedje, waarbij de toegezongene bij armen en benen gepakt wordt en heen- en weergeslingerd. Vgl. ook het bijbelverhaal van de profeet Jonas, *Matt.* 12:40. Elders in deze bundel wordt gestreepte stof in verband gebracht met de kleding gedragen in nazi-concentratiekampen, en met de filosoof Heidegger.

[105] In een beroemde passage van de *Tractatus* schetst Wittgenstein zijn denken als een ladder, waarlangs men omhoogklimt om hem vervolgens weg te gooien.

[106] Moderne denkers bijv. Wittgenstein en Jung zijn soms ook bouwmeesters.

[107] Bekende Amsterdamse vermaning tegen iemand die openlijk neuspeutert: 'Als je boven bent, gaat er dan een bel?'

[108] Vooraanstaand Nederlands filosoof uit de tweede helft van de 20e eeuw.

[109] Verwijzing naar het Rad van Fortuin, d.w.z. een *random generator* (machine voor de productie van aselecte getallen) als kermisattractie; maar ook naar Pim Fortuijn, de in 2002 aan de vooravond van de nationale verkiezingen vermoorde politicus, politicoloog, en Rotterdamse bijzonder hoogleraar.

[110] *peurs*, 'buidel'.

Een vuistje is waarin hij lacht als rijm
met de zwart lachende mond in zijn mantel links, terwijl hij
verstolen maar veelbetekenend
teken doet als Jezusbeeld[111] drievingerig zwerend
over de Dood die aan zijn voeten ligt, in katzwijm
voor deze wijsgeren van onbetwiste beroepsmatigheid
en die laat zien hoe het zanduur zijn laatste lading doorlaat

Klopt daar toch zonder gildekleed en met puistenbaard
de stinkende hoed als een drollenvanger behulpzaam klaarhoudend
op de goede hoogte, 'Penitentiagite',[112] de kleindenker[113] Willem Frederik
de kinnebak klaar om straks een ezelskakenbeen[114] uit te vormen

'Ja ik heb het tegen jou, ondanks deze mooie tabbert
ben je niet in de mode, en met zijn schep al in aanslag
komt hij, die Dood, alleen voor jou, de scheuren
in mijn kleren maken
mij immers onsterfelijk'

---

[111] In de Roomskatholieke iconografie van de Moderne tijd werd Jezus vaak afgebeeld met zijn rechterhand gekuipt onder de linkerborst, en de linkerhand geheven met drie gestrekte vingers, als in een zwerend gebaar.

[112] In het succesvolle boek *Il nome della rosa* van de semioticus en literator Umberto Eco (1980) komt een slecht opgeleide monnik voor, die zijn gebrek aan kennis van het Latijn probeert te maskeren door dikwijls de onzin-kreet 'Penitentiagite' te slaken, een zelfbedachte quasi-latijnse aansporing tot boetedoening.

[113] Over Hermans als kleindenker, filosoof dus van de koude grond, zie het desbetreffende hoofdstuk in mijn *'Als je negers van een afstand ziet... (2014)*. Ook al heeft Hermans zijn tijdgenoten vaak geïmponeerd met zijn belezenheid en om de oren geslagen met zijn schijnbaar betere informatie, mijn tekst is zeer kritisch ten aanzien van zijn omgang met denken en kennis. In zijn boek *Het Evangelie van O' Dapper Dapper* spreekt hij ironisch genoeg zelf van 'dundenker'. Holbein kon reeds voorzien dat, ondanks de kwaliteit van Hermans' proza, diens ontsnapping aan de Dood zo niet zou gaan lukken.

[114] Ook reeds genoemd op p. 23.

Het is door die scheuren
(modieus gecultiveerd als in spijkerbroeken van nu)
dat Hermans, kleine broer van de Dood,[115] heilige
Hermandad,[116] hoopte te ontsnappen
en Kazemier niet

(Maar gelukt is het geen van tweeën.)

---

[115] In mijn pamflet behandel ik onder meer Hermans' centrale identiteit als broertje van zijn jong gestorven zuster.

[116] Hermandad: 'broederschap' (Spaans). Heilige Hermandad is een gangbare uitdrukking voor 'de politie'. De naam Hermans associeert met Spaanse en Latijnse woorden voor 'broer', hoewel de Germaanse etymologie van die naam eerder suggereert: 'man van het leger' – vgl. Hermans' polemische strijdvaardigheid.

Der Predicant.

Spreker bij een Uitvaart

Het zanduur is nog bijna vol

De spreker legt getuigenis af van zijn sexe-operatie
ten overstaan van in hoofdzaak vrouwen

De Dood hangt haar eigen borst half in het zanduur
van dit soort vrouwen krijgt zij een punthoofd

En terwijl de handen van de prediker onmiskenbaar
staan naar bedelen en schrapen

En zich onder de zittenden spiegelende
plasjes vormen bij gebrek aan sanitaire voorzieningen

Zwaait de Dood de spreker koelte toe – nee
niet met de stola die aan weerzijden om de ontvleesde hals hangt

Maar met iets van een langwerpige enveloppe het soort
waarin hedendaagse, automatisch quasi-gepersonaliseerde
postreclames gevat zijn

Voor U, De Heer Vleeschleever-Hemelvaart
Monuta Uitvaartverzekering valuta en,
De Heer Vleeschleever-Hemelvaart,
Monetaire armslag voor net zo'n fijne kist,
De Heer Vleeschleever-Hemelvaart,

Als zij zelf had.

Die Nunne.

De Mantelzorgster

Het raam geblazen jampotbodems
lijkt behangen met talrijke strakke borsten
– Cybele;[117] de stemkop van de luit
lijkt dwars gezien al zelf een panfluit
zij lacht met scheve mond die door de Dood
met borsten behangen vergroot wordt nagedaan
haar blik peilt hoe de in *ajour* geklede speelman
daaronder zelf behangen is
afgewend van het altaar met mannelijke beeldjes
wier geslacht is afgehakt
terwijl de Dood haar brandende kaarsen uitknijpt
en het zanduur gebroken in de voorgrond ligt

De muzikant
zit op haar te weelderig bed als een minnaar
zijn klauwend tokkelende vingers
rijmen veelvuldig met zijn ajouren knieën
met de vingers van de Dood die zijn vale sjerp schikt
en zelfs met die van de mantelzorgster, al heeft ze ze
verstrengeld tot gebed

Het is een mooie dood in ieder geval
mooier dan het vrouwelijk verval dat hij uitdraagt.

---

[117] Cybele, vruchtbaarheidsgodin uit het oostelijk Middellandse Zeebekken in
de Oudheid. Op haar bekendste beeld, uit de stad Ephese, is haar lichaam be-
hangen met tientallen druppelvormige objecten, die vaak als borsten zijn geïn-
terpreteerd, maar (bij ontbreken van duidelijke tepels; en de wijde verbreiding
van het bijenmotief – Cybele's priesteressen heetten 'Bijen', *Melissae*) evenzeer
wilde bijenkorven kunnen zijn.

Daß Alt weyb.

Bejaarde Vrouw op Vrije Reisdag[118]

Evenals Hemelse Vrede[119] vanouds uit China
is de xylofoon vooral bekend uit Zuid-Oost-Azie en Afrika
met (juist als de slavenhandel) uitzaaiingen naar Amerika

De xylofoon is al meer dan veertig jaar mijn Afrika[120]
rammelaar van mijn oudste zoon
eiersnijder[121] uiensnijder van Nkoyaland heimwee

Wat doet de eerste Europese afbeelding van een xylofoon
hier bij Holbein vooruitmarcherend terwijl het oude mensje
mummelend volgt, rinkelend met wat een rozenkrans zou zijn
als de kralen niet zo langwerpig neerhingen
Afrikaanse vrouwen dragen zo'n
gordel als onderbroek waarom doet zij hem uit?
Zijn het haar kaartjes voor de Vrije Reisdag?

---

[118] Bejaarde houders van een kortingskaart bij de Nederlandse Spoorwegen genieten sinds het begin van de 21^e eeuw een vrij te kiezen gratis reisdag.

[119] Op het Plein van de Hemelse Vrede, Beijing, China (zo alleen maar genoemd naar een nabijgelegen oude stadspoort), werd in 1989 studentenprotest onder tanks gesmoord. In 2006 was ik er met collega's voor de oprichting van de Internationale Vereniging voor Vergelijkende Mythologie, en zag hoe de Chinese buitenlui zich vergaapten aan het aflossen van de wacht.

[120] De Nkoya zijn een volk van muzikanten, de xylofoon is hun voornaamste instrument, en mijn onderzoek is zich steeds meer gaan richten op de transcontinentale contacten die door diverse cultuurtrekken van de Nkoya worden gesuggereerd. De oudste attestatie van de xylofoon is inderdaad in een Chinees graf van de Vroege Bronstijd, terwijl het instrument voorts vooral in Zuid-Oost-Azië thuis is en waarschijnlijk van daar Afrika en de Nieuwe Wereld heeft bereikt.

[121] Omwille van het systeem van parallelle lijnen in eiersnijder en xylofoon; en de traanverwerkkende werking van uien.

En waarom loopt zij in haar kennelijke levensavond
het oosten tegemoet, en werpt ze zelfs in het aanschijn van de Dood
een flinke schaduw? de lauwerbekranste Dood zelf doet dat niet
hoewel hij de troelala danst *with one hand waving free*[122]

Waarom werpt zijn broer de muzikant wel schaduw
en waarom is dit de enige gravure waarop
het zanduur niet alleen al doorgelopen is
maar zelfs de bovenkant finaal gebroken – tijd eindelijk
onomkeerbaar *point* gelijk de dood *of no return*

'HOLBEIN ONTHOLT HORKOMST XYLOFOON'

het blijkt geen houtklinker[123] maar een *dance macabre*[124]
hoekig en houterig als in *Der Todt und das Mädchen*[125]
op de toetsen van ruggewervels (die van
Yorick[126] zeker) gespeeld door een doodgraver
of waarschijnlijk eerder nog door een Chinese hofbeul

Met aan de einden verdikkende ellepijpen
als stokken, de meest geëigende
dodendansbegeleiding

---

[122] De *tróelala* was een beschamend gebruik onder Amsterdamse volkskinderen in het midden van de 20e eeuw. Geheel gekleed, voerden zij het volgende dansje op: de rechterwijsvinger wordt door de kleren heen op de plaats van de anus gehouden en aangedrukt, de linkerhand wordt bovenop het hoofd gelegd (of de linkerwijsvinger priemt van boven op de schedeldak), vervolgens draait het kind met wilde bewegingen om de aldus gevormde as (als een driedimensionaal schaalmodel van de wereldbol op standaard), waarbij het zingt: '*Nikker danst de toelala, troelala, troelala'* (bis). Ik vermoed dat wij deze uiting in termen van proto-globalisering moeten duiden: *het Andere* (als hier tenminste niet Oud-Germaanse watergeesten zijn bedoeld maar Zwarten, toen die nog Anderen waren) *is reeds over de horizon verschenen, maar het is nog niet eigen. '...With one hand waving free* is een zinssnede uit het lied *Hey Mr Tambourine Man* van de Amerikaanse dichter / popmusicus Bob Dylan / Zimmermann.

[123] Letterlijke betekenis van het word 'xylofoon'.

[124] Verwijzing naar het gelijknamige muziekstuk (1874) van Saint-Saens, ook een *dodendans*.

[125] Mijn favoriete muziekstuk van Schubert – alweer een dodendans.

[126] Door Hamlet betreurde en in de lege schedelogen gekeken nar in het naar de treurende kijker genoemde treurspel (Acte V, scene 1).

Dit hadden we nooit geweten
als Maximiliaan[127] niet Karel had gehad
en Karel niet Spanje en Spanje min of meer
Portugal en Portugal niet langs West-Afrika
was gaan varen al vijftig jaar voor Holbein

Zelf zo'n ellepijp immers – trommelstrokken
met konische koppen van autoband zoals ik ze
al veertig jaar meeneem uit Afrika.

---

[127] Ultrakorte samenvatting van de Europese geschiedenis van rond 1500, met echo's van *Genesis.*

Der Artzet.

De Medisch Specialist

Ik heb mijn bekken afgelegd
op mijn buik nog vlees
ik breng je mijn broer zie onze handen
klauwen dezelfde spreidvlerk
als grijsaard wil hij *sterven* kennen: zien
hoe zijn pestilente *ēbola*-[128]
pis jou doodt

Hoe jij je lot op de hand ook weegt
verkrampt naar overvragen
ondanks sector–zorgtarieven
het zanduur op de tafel leeg

Het boek des levens voor je
scharniert dicht als Petrus' poort.

---

[128] In de zomer van 2014 kwam plotseling deze verschrikkelijke ziekte (overgedragen via lichaamsvloeistoffen; 90% mortaliteit) weer op in West-Afrika, ontwrichtte in diverse landen het leven, en dwong mij onder ogen te zien dat mijn eigen, voor oktober van dat jaar geplande, reis naar die streken heel goed mijn laatste kon zijn. Vandaar dit boek. Ik heb de reis uitgesteld, maar besef dat Hij mij niettemin wacht, thuis in de tuin, of in Ispahān.

Der Sternenseher.

De Wetenschapper

Sereen en sluw als een Chinese mandarijn:
er drijft een bloemblad op het watervlak
een toverspiegel, naast de astrolabe,
een demon hurkt onder zijn fraai besneden stoel
een andere fluistert (bewaarengel) vanaf zijn rechterschouder
'Niet toegeven, wij laten je niet gaan'.

Op de al even fraai besneden tafel onttrekt
het boek de ooit zo onverbiddelijke
zandloper grotendeels aan het gezicht
zolang de golffunctie maar niet ineenstort
blijft het onzeker of hij leeft of sterft[129]

'Ben je daar eindelijk' zegt hij (geen beter
verdediging dan de aanval) tot de Dood
die met een laatste krachtinspanning de al te zware
schedel gebracht heeft: twee gekromde handen er-
onder maar een derde als wilde lokken wormen nog post-
huum de kruin doorbroken

---

[129] Een verwijzing naar Schrödingers interpretatie van de golfmechanica aan de
hand van het verhelderende voorbeeld van een kat die samen met voldoende
lucht, voedsel en water, en een ampul blauwzuurgas, in een hermetisch geslo-
ten kist aan het oog is onttrokken. Zolang de kist dicht is weten we niet of de
kat leeft of dood is. Pas door het optreden van de waarnemer (het openen van
de kist) 'stort de golffunctie in' en wordt beslist over leven en dood van het dier,
zelfs zonder dat wij onze mond aan zijn doorgesneden, nog slagaderlijk klop-
pende keel hoeven te zetten (zie de voorlaatste voetnoot van deze bundel).

'Wat zou het fijn zijn als die zware schedel
(of de zon) in de armillaarsfeer[130] Aarde's
centrale plaats kon innemen, maar het netwerk
van Dierenriem, Ecliptica en
Maanknoop is te nauw –
hij past er niet door, de golffunctie
blijft onbedreigd, neem dus maar weer mee,
en laat je voortaan niets meer in je handen stoppen

Ik wist al uit mijn bronnen dat je je vertilde;
breng er maar een uit Kopjeskrimpersland
zo'n getatoeëerde, klein en hard als een perzikpit
gewoon bij Timor oost-noord-oost acht dagen
doorvaren, want dan
ben ik je man.'

---

[130] De technische benaming voor het opengewerkte bolvormige astronomisch
instrument waarnaar de spreker wijst – veel complexer dus als astronomisch
instrument dan de astrolabe die plat op tafel ligt. Holbein leefde meer dan een
eeuw vóór het geocentrische wereldbeeld in bredere kring werd verworpen. En
vier eeuwen vóór Schrödinger.

Der Rych man.

De Miljonair

Pas als de mannen die deze dubbele tralies hebben gesmeed
en in de kozijnen gemetseld, dood zijn
en ook hun opzichter, en hun vrouwen aan wie zij
natuurlijk 's nachts verteld hebben hoe ik mijn centen beveilig
en als de aannemer die ik als laatste zelf heb ingemetseld
met heel de kracht van mijn smidsarmen
en die ik nog dagelijks wat eten toestop en zijn vuil afvoer
via het smalle luikje boven mijn hoofd, zich eindelijk
neerlegt bij mijn wens hem dood te zien
en ik een nieuw systeem bedacht heb om die zware kisten
zo dicht mogelijk om de tafel heen te schikken
waarop ik de hele dag mijn geld te tellen zit als ezelsvijgen

Pas dan zal ik eindelijk in rust van mijn bezit
kunnen genieten, in de zekerheid[131]
dat zelfs de Dood hier niet kan binnendringen.

---

[131] Dit is natuurlijk opnieuw een echo van P.N. van Eycks bekende gedicht 'De Tuinman en de Dood' (1926) – juist wie zich het veiligst wanen, verrast de dood.

Der Alt man.

86

Mannelijke Bejaarde op de Uitmarkt[132]

Bedrieger Dood

Doet zogenaamd vóór hoe hij het hakkebord bespeelt
met tokkelvingers kantelend
pompoenehoofd van trots ook haren nog
maar zie zijn scheve kaak van 't liegen
het kwabbig achterhoofd spreekt van verraad
en hoe hij eigenlijk geen schaduw werpt
het zanduur op de kerkhofmuur maar
uit het gezicht, is nog opvallend vol

Een zwarte zon speelt voor Saturnus,[133] achter de wolken
die een opschuimend dinosaurusdijbeen nadoen
in de mastboom staan plumeaux gestoken[134]

'Dat had ik eigenlijk ook gewild, mijn jongen
alleen maar speelman – de wijven zijn niet van je
weg te slaan

---

[132] Jaarlijkse presentatie van een staalkaart van artistieke voorstellingen in hedendaags Nederland.

[133] Dit is eenvoudig het klassieke wereldbeeld, waarin Saturnus, geassocieerd met tijd en verschraling, een anti-Zon is, die de nacht regeert.

[134] Die zijn dus al even onheilspellend als de zwarte zon en de schaduwloze gestalte. Mastbossen behoren tot de Vlaamse landschapsretoriek, bij voorbeeld in het werk van Felix Timmermans.

Ik hield mijn vingers net een beetje
anders krom dan jij nu'

'Opvallend ja, voor wandelstok
een ruwe boomtak en toch afgezet met sabelbont'

'Kun je niet beter met twee handen spelen?'

'Wat moet jouw hand daar in mijn nek
het is echt sabelbont hoor'

                 'Maar zulke stenen platen
zo laten slingeren – een mens zou struikelen, en zulke
gaten in de weg waren er vroeger niet'.

Die Greffinn.

De Vrouwelijke Leidinggevende

Geen tijd meer te verliezen – het zanduur is al vrijwel
doorgelopen de Dood beproeft haar borsten reeds als voor het graf
een kraag van kronkelwormen schikkend terwijl de huishoudster
haar gordel vol sleutels in de aanslag (teder smekend
om de schitterende volheid van haar heupen te bewaken)
het zware kleed komt torsen, met de glimmende
fluwelen stroken, en al rammelt met de kettingen
van haar kuisheidsgordel waar de vrouwelijke leidinggevende
                                        testend reeds
haar takkenbossen graftang langs laat glijden

Het is immers bekend – hij pakt je zelfs nog
in het graf en terwijl het andere vlees al lang
is afgevallen hangt daar van zijn kruis een lange dunne
pik en idem zak ruimschoots tot aan zijn knieën

In het bovenlicht van schijven rondgeblazen glas
herhalen zich weer zonnetekens (☉☉) als borsten rond gepofte tepels
de lambrizering van de muur vertoont een houtstructuur
van ruwgeschaafde planken – veel fijner is dan ook
het schrijnwerk van de kist, mooi in verstek, een spel
met nerf en politoer waarin de zuigkracht van de Dood
alweer de schaduw wegvreet

                    Stof
zijt ge, stof terug, en een kleine
opleving daartussen.

Die Hertzoginn.

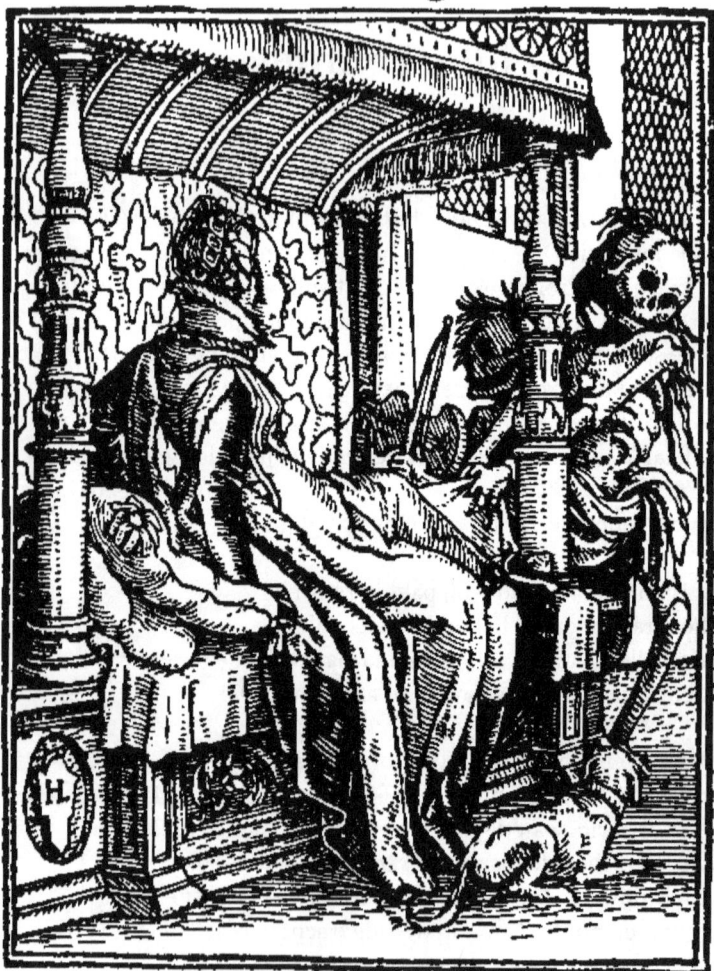

Hollywood-Romantiek[135]

Beschuttend met haar hermelijnen pelsrug
zich schrap zettend tegen zijn worstelen
(Zij heeft hem in haar kussen genaaid
alleen zijn handen steken naar buiten en hij bidt
en smeekt met samengevouwen vingers)
en gaat zij hooghartig het twist-
gesprek met de Dood aan het is
voor zijn eigen bestwil

'Hij is hier helemaal niet, al splits je je
in tweeën ("twee die mij strekken[136] twee die mij
proberen een viool toe te schieten afgeschoten
van een boog als strijkstok twee die mijn
dekens wegtrekken maar daar zit hij niet")

Je krijgt hem niet – kijk, niet eens mijn hondje
is bang voor je, je bent een tweekoppig
schrikbeeld gegroeid uit mijn voeteneind je durft
me niet eens recht aan te kijken mijn gouden
haarband en mijn opgerolde
vlechten kun je krijgen

---

[135] Na de opkomst van de filmindustrie vanaf de jaren 1910, ontwikkelde zich in
de Amerikaanse staat Californië een heel specifieke narratieve filmtraditie,
waarin het chlichématig vertekenen van affectieve relaties centraal staat.

[136] Verwijzing naar een bekend kindergebed uit het begin van de twintigste
eeuw:

> 'Des avonds als ik slapen ga
> vliegen mij veertien engeltjes na
> twee die mij rekken
> twee die mij strekken...'

Maar onder deze baldakijn is dit de
hemel al – je krijgt hem niet
had je je zanduur maar niet
moeten vergeten mee te brengen – mij
kun je desnoods nog krijgen
maar hem niet.'

Der Acerman.

De Boer

Ploeg naar het oosten toe, de Dood
heeft dan geen keuze dan je paarden aan te sporen
en af te wachten tot je westwaarts keert

Hier is geen zanduur nog, de opgaande
zon fluistert van 'Licht Kracht Liefde Eeuwigheid'
je heb de tijd, en zelfs de aarde
waarin je ooit een graf zou kunnen vinden
lijkt nu gegijzeld op je schaal van hoed
waaruit de werkeloze wormen wiegelend op-
steken hun ballingschap aanvechtend

Van je vier paarden mist dat rechtsachter een kop
maar onder zijn opgebonden staart
wordt de zandloper door vijgen nagebouwd

Ook anderen zijn zo vroeg op: halverwege
de einder achter het op de boom
gespijkerd kruis laat een bereden edelman
zijn donderbus dragen door een knecht
vooruitlopend naar 't zuiden met 's knechten heldenmoed
de weg verkennende als drijfzand

Maar terwijl de wereld en het leven voor je open ligt
verbluffend wijd, verbluffend Holbein, gouden
bergen in Gorters arbeideristisch ochtendgloren[137]
aan het raam: een gouden roosdoos

Verraadt de lichtval toch hoe laat het is
zie hoe de Dood geen schaduw werpt al draaft
en stokzwaait in ijver-veinzende schijnbeweging wappert hij
met zijn ontvleesd kleed van huid hij is zo dichtbij
dat hij (diepste kuil in de ruimtetijd[138] immers,
van het zwarte gat zijn diepste vervulling)
de lange schaduwen van zonsopgang
heeft ongedaan gemaakt; en onder jou en onder
je ploegspan ingekort heeft tot Hades' kolenopslag[139]

De aarde die je ploeg vanochtend
vrolijk openrijt blijkt toch je graf.

---

[137] Vgl. Herman Gorters bekende gedicht 'De dag gaat open als een gouden roos'. Overigens doet de tegenstelling tussen deze regel en de volgende ook aan Lodeizen denken: '...maar nee, het was later dan hij gedacht had / toen hij naar buiten keek en de wereld zag...' Naast, en na, zijn succes als grootste dichter van zijn tijd was Gorter vooral leider van het Nederlands communisme.

[138] Volgens Einsteins relativiteitstheorie bestaan, zoals wij gezien hebben, ruimte en tijd niet afzonderlijk maar alleen in de volstrekte vervlechting van ruimtetijd. Anders dan Newton dacht lijkt zwaartekracht niet een aparte kracht maar louter een verstoring van de ruimtetijd teweeg gebracht door de massa van een lichaam. Binnen een zogenaamd zwart gat, zoals dat waarschijnlijk op tal van plaatsen in het heelal voorkomt, zou dit effect zo sterk zijn dat lichtstralen niet meer kunnen ontsnappen, met als gevolg eeuwige duisternis.

[139] Hades, Heer der Onderwereld, liet de aarde zich openen als een muil, waaruit hij met zijn paarden toesnelde om Persephone te schaken (dochter van de korengodin – we zijn al veel vegetatiegoden tegengekomen in het gedicht over Heidegger). Dood en landman zijn hier samen Hades. Kolen zijn het diepste zwart.

98

Daß iung kint.

Nog vóór de Basisschool

Nu is de zandloper al zo ver doorgelopen
dat je de bodem niet meer zien kunt

De reden dat de Dood het kind zo tactvol wegvoert
van moeders pannekoek gelijk een vroedvrouw
die op haar handen lopend[140] met haar benen hoera roept
en zo de nageboorte doet in dood verkeren

Is dat op de balken van het huis een maquette
is aangetroffen van het Parthenon[141] – 'Dat
is voor kinderogen niet geschikt. Wij
gaan dus even buiten spelen!'

De rookkolom boven het vuur suggereert
een brandend braambos[142] – een staande boekrol ja gij zijt
op heil'gen grond – altaarlijke verhoging
waarop moeder en zusje het uitschreeuwen want zij horen
in de rook het godslasterlijk lallen van duivels
waarvandaan de kleuter monter weggetrokken wordt
het kind wil niet scheiden maar met zijn poezel-
voetjes werd het wel verteerd

---

[140] Vgl. Achterberg (het gedicht 'Comptabiliteit', in de bundel *Vergeetboek*, Querido, Amsterdam 1961; zie ook noot hieronder, p. 110):

'Op zijn handen komt de dood voorbij
aan de kamer, een kristallen ei...

[141] Voornaamste tempel op de Acropolis te Athene, Griekenland.

[142] Vergelijk *Exodus* 3:2, en mijn bundel *Braambos* (Shikanda, Haarlem 2008). De in de bijbel opgeroepen struik brandde, 'maar werd niet verteerd'.

En roept nog in het weggaan, profeterend

> 'Mama hoe kon je toch vergeten
> dat *Koopmans Pannekoekenmix*[143] de allerbeste is
> nu zit je met die ongerezen kleffe kegel
> waarvan ik echt niet eten zal en, Zusje,
> ik moet wel mee want die magere man
> heeft krakelingen aan zijn borstbeen hangen
> en bovendien een slaapmuts op dus
> kinderbedtijd'

Dat komt ervan
als je in de beslagkom zelf
probeert te bakken.

---

[143] Een bestaand merk van inderdaad voortreffelijk pannekoekenmeel. Vgl. Majakowski's *Облако в штанах / Een Wolk in Broek* (1915), waarin onder meer het vermoedelijk historische feit wordt behandeld dat een ter dood veroordeelde op het moment van zijn terechtstelling in tsaristisch Rusland tegen betaling uitriep 'Drinkt louter Van Choutens cacao'.

Der Bettler

Goede Doelen[144]

Lang duurt zijn honger nog niet
zijn buikje is nog bol maar eindigt
in een stoma vlak onder zijn elleboog

Over de winkelhaak van zijn platte
houten rechterarm lijkt ook de linker
opgehangen, met zijn handen maakt hij
het schaduwbeeld 'Roofdiermuil',
met zijn haren 'de Schorpioen', en met zijn
neus en kin 'de Zelfmoordenaar die
gas ruikt kop
in de oven'

Het zijn *krukken*: één steekt recht naar voren de
andere ligt onbereikbaar onder zijn voetloos
rechterbeen dat aan de heupen
van het huis is vastgegroeid, een halve
meter naast de bedelaar
geen wonder dat vanuit het bovenraam
en ook vanuit de poort de vrouwen
blijven staren, aarzelend terug te keren tot hun
toch maar al te tevergeefse taak – de concave
steunberen zo verwrikken tot zij
perspectivisch kloppen

----

[144] Populair onderwerp uit het hedendaags sociaal-financiële leven in Neder-
land.

Gelukkig is de volgende die de poort door wil
een waterskiër, die de juiste houding
perfect beheerst en dat zonder boot
skies, *wetsuit*, handgreep, touw!

Hier is geen Dood meer nodig:[145] Hermes
Psychopompos voert[146] je wel
als je niet lopen kunt.

---

[145] Dit is een van de weinig houtsneden waarop de figuur van de Dood ont-
breekt. Zij is uit een andere serie dan gewoonlijk in boekvorm uitgebracht.

[146] 'voeren': Vlaams voor 'brengen met een voertuig'. Hermes Psychopompos:
'Hermes die de zielen begeleidt', namelijk naar de onderwereld. In het Amster-
dams taaleigen, daarentegen, betekent *voeren*: 'met woorden pesterig uitdagen'
– een cultuurtrek die (naar ik in mijn Hermanspamflet betoog) zijn sporen in
diens werk heeft achtergelaten, evenals in het mijne.

Die Braut

Zij Heeft een *Date*

De Dood, die wil haar wel
al is haar zanduur nog bijna vol
al is ze ook als *date* verzegd
in tweestrijd klemt zij dus
haar *i-pad* vast – waar ook de Dood zijn
rechterhand haar meepakt voor zijn dans
één voet geheven
het hoofd opzij, de schouders hoog
de andere hand in wat eens de
zijde was en waar nu wormen kroelen
langs de bijna kale ruggegraat

Dit is de echte dodendans
de speelman houdt zich van de domme
zijn ponjaard wijst omlaag
hij houdt zijn ogen dicht
zijn mutssluier is Florentijns
de roe erop van Zwarte Piet
de Dood wou immers dansmuziek
dus 'Speel dan nu maar, goedendag'[147]

> Met de logica van de vogelverschrikker
> dat is hoe de Dood naar haar kijkt
> het vlees afgelegd ziet hij in de wind de kleren
> flapperen als verouderende Achterberggrootspraak[148]:

[147] Wat de hardwerkende mier aan de krekel (ook een speelman) toevoegt in La Fontaine's gelijknamige fabel.

Haar borsten een melkweg van wild draaiende sterren
temidden waarvan
twee meteoren in twee planeten inslaan
en tevergeefse witte
melkbronnen doen spuiten

Haar buik een vallei met wilde dieren
naar de smalle dichtbegroeide kloof waaruit
de eerste mensen wankelend, nog doorzichtig
opklauteren uit de aarde[149]

En op haar hoofd het Teken van Internet
een met stekels bezette alien
als een ruimkelige krokodil die knipoogt, als een
rolstaartig door denkkracht voortgedreven ruimteschip
uit darmenkronkeling van donkere wolken als een
morgenzon, als Zarathustra[150]
die haar aldus de laatste woorden ontlokt:

'Ik ben alleen een beetje bang dat ik
daar geen bereik heb voor mijn internet'.

---

[148] Gerrit Achterberg, Nederlandse dichter (1905-1962) die, na eerst jaren met een dergelijke gedachte gespeeld ter hebben in zijn gedichten, zijn liefde tenslotte daadwerkelijk verklaarde middels doodslag, en vervolgens zijn oeuvre bouwde rond het traceren van het uiteenvallen van het lichaam van de gestorven / vermoorde geliefde in de kosmos – intussen zelf ook sterfelijk gebleven, maar onsterfelijke roem oogstend met dit onthutsend staaltje van poëtisch sadisme. Zijn door mij niettemin mateloos bewonderd oeuvre is de boerse dodendans van de autodidact, en doet denken aan de klompendans van de fictieve, moordlustige en sexistische *Gerrit* (!), in een lied van Friso Wiegersma, dat door de cabaretier Wim Sonneveld werd vertolkt in de jaren 1960. In die tijd waren liedjesschrijvers vaak gevallen dichters, zoals Michel van der Plas.

[149] Een beeld bekend uit de vergelijkende mythologie van Afrika en Noord-Amerika. Doorzichtige eerste mensen horen bij de antropogenetische fantasieën van theosofen en antroposofen, zoals Blavatsky, Leadbeater en Steiner.

[150] Verwijzing naar het eind van Nietzsche's bombastische fantasie *Also sprach Zarathustra* (1885).

110

Der Böttcher

Speculant in Ruwe Aardolie

Bij zijn kuiperijen van steeds meer vaten
voor steeds goedkopere steeds Amerikaanser
volkspompen junkfoodvolksgaarkeukens
vrijheid in eigen vet te stikken tot maximaal 90 km per uur[151]

Zat hij hoog te paard als de woestijnvorst
die hem het hartebloed van zijn aarde had geleverd
aandelen stegen als de *skyline* van Dubai verdampten
als de fonteinen van *downtown* Dubai

En alles ging op rolletjes de eerste olie-
crisis, de tweede, de OPEC,[152] hij kon
steeds meer paarden kopen en steeds
betere wagenwielen laten bouwen
met de technologie van tot voetganger
gedwongen witteboordencriminelen
verschanst achter CAD-CAM[153]

---

[151] Normale maximumsnelheid in de Verenigde Staten van Amerika, waar het eten in de (in dit gedicht poëtisch omschreven) zogenaamde *diners* standaard is.

[152] De eerste oliecrisis overviel West-Europa in 1973, de tweede vier jaar later, als gevolg van de, overwegend Islamitische, Organisatie van Olieproducerende Landen (OPEC) die hogere prijzen bedongen voor hun exportproduct.

[153] Een digitaal industrieel-ontwerpsysteem.

Het laatste wiel werd hem fortuinrads
noodlottig excentrisch klauwend pralend
als de Shellschelp – *Daphne, you are
leading again* – de Dood (*Nobody's perfect*)[154]
rukte de stalen banden van de
duigen gaf de olie druipend parelend zwart
terug aan de aarde sloot die weer toe
als Moses[155] de rotsen, herinnerde zich
de plankton waaruit zij eonen[156] geleden ontstaan was[157]

De maandansen van maanzieke minikreeften[158]
het likkebaarden van walvissen[159] de
maagsappen Jonas verteerd.[160]

---

[154] St Jacobsschelp (symbool van St Jacobus en van pilgrims naar zijn heiligdom
te Compostella in Noordwest Spanje; maar ook van de oliemaatschappij Shell;
'*Daphne, you are leading again*' en '*Nobody's perfect*', zijn voor iedere bewonde-
raar onmiskenbare verwijzingen naar Billy Wilders film *Some Like It Hot* (1959),
met een glansrol van Marilyn Monroe, en een bijrol voor de schelp.

[155] De legendarische Israëlitische leider en grondlegger van de Joodse gods-
dienst Moses produceerde, volgens de aan hem toegeschreven beschrijving van
de beslissende tocht door de woestijn, water uit de rotsen middels slaan; onder
meer: *Numeri* 20:2-13.

[156] *Eonen*: zeer lange wereldtijdperken. Naast deze dichtbundel heb ik het laat-
ste jaar onder meer gewerkt aan een boek waarin ik verken in welke mate het
mogelijk, of onmogelijk, is om mijn eigen, in hun schijn van waarheidsgetrouw-
heid verwarrende, ervaringen met Afrikaanse waarzeg- en therapiesystemen, te
verklaren met het algemene Indiase wereldbeeld van een niet-accumulatieve,
cyclische afwisseling van de ene eon (कल्प *kalpa*) na de andere – Nietzsche's
ewigen Wiederkehr des Gleichen – , in plaats van met het continue, rechtlijnige
en unicitaire historische model van de moderne Noordatlantische natuur-
wetenschap.

[157] Dit beschrijft hoe de wetenschap meent dat aardolie is ontstaan ca. 150 mil-
joen jaar geleden, uit onder aardlagen bedolven zeediertjes.

[158] Kreeften schijnen in hun collectief gedrag bij uitstek te reageren op de
maanstanden.

[159] De grootste walvissen voeden zich door plankton uit het zeewater te zeven
tussen hun baleinen.

[160] De profeet Jonas bracht, zoals gezegd, drie dagen in een walvis door (*Matt.*
12:40).

Der Rauber

Met Goethe op Reis

Al heeft de wolf zich nog zo overtuigend
als Wilhelm Tell vermomd incl. tirolerhoedje,
al groeit er een pralende Mephisto[161] op de mand
met koekjes en wijn van Roodkapje[162]
(een Mephisto met een linkerhand als een
verstard paard ten hemel niettemin de
maat slaande waarmee Wolfs rechts opgeheven mes
de obsidianen hartsvanger wordt van de Mayapriester)[163]

Al is de *Lederhosen* behangen met de
kruisboogstaties van nazi's,[164] en golft
een kleine dinosaurussenstaart linksonder
(waar heb je godverdomme je hersens zitten?)[165]

---

[161] Mephisto(pheles), duivelsnaam onder meer in Goethe's *Faust*.

[162] De afgebeelde marskramer (m / v, later v) met mand spullen op het hoofd doet denken aan het sprookje 'Roodkapje' van de Gebroeders Grimm (Aarne-Thompson AT 0333), waar het meisje met haar rode kapje op, haar grootmoeder gaat bezoeken met een mandje vol etenswaren. Het motief komt terug in het Oudchinese waarheidsboek 易經 *I Ching*, waarvan een spreuk behorend bij ䷵ hexagram 54, 'Het meisje trouwt', door mijn oudste zuster (met de voor onze familie kenmerkende tact) aan mijn aanstaande vrouw (aan wie dertig jaar later dit boek is opgedragen) werd voorgehouden: 'De vrouw draagt een mand (voor het voorouderoffer waarmee zij haar inlijving in haar mans familie bezegelt), maar er zit niets in / er zitten geen eieren in' – het omgekeerde zou blijken.

[163] Het offeren van mensenharten, gesneden uit de borst van nog levende personen, met een mes van vulkanisch natuurglas, was gebruikelijk in Midden-Amerika vóór de Spaanse verovering in de 16e eeuw. De Spanjaarden perfectioneerden deze benadering door *auto-da-fé's* onder kerkelijke leiding.

[164] De nationaalsocialistische beweging vond vooral aanhangers in zuidoostelijk Duitsland, waar genoemde lederen korte broek nationale dracht was / is.

Stelt toch de Dood zich met zijn kikkerkop
op tussen rover en roverpaard
hij is zo alleen als een *alien*,[166] alsem
kauwt hij vierkant tussen amphibiekaken
het paard krijgt er puisten van in zijn nek
dit is de meest lugubere minst
menselijke Dood het zanduur speelt
champagnekurk met draad bij hun linkervoeten

En Roodkapje die haar botaniseertrommel
hoopvol omklemt als een maagdenschild
laat zich het hart niet uitrukken:
uit haar harmonicavormig dissonant
lijfje strekt langs haar oren haar
wangbanden des bloeds spert
haar bek open om te kijken
of de vuist van de wolf erin past
passeert een boom die de kop van een
Boeddha heeft omgroeid en opgetild[167]
haar blote voeten doen danspassen met de
gespoorde wolvenklauwen waartussen
De Dood een voet dwars zet

---

[165] De geringe hersenen van dinosauriërs zitten vooral in de staartwortel.
[166] Term voor buitenaardse wezens in *science fiction* films en literatuur.
[167] Een dergelijke boom vormt een ontroerend en veelvuldig gefotografeerd object in het Boeddhistische tempelcomplex van Ayuttaya, ca. 80 km. noordelijk van Bangkok, Thailand – hierbij afgebeeld.

er schuilen nog meer gezichten
tussen de bomen Mephisto blijkt
Erlkönig[168] het hoge precieuze punt-
hoofd van Mudimbe[169] orchestreert
welwillend haar aftocht dat
scheelde maar een haar.

---

[168] Naast Faust / Mephisto de enige verwijzing naar Goethe in dit gedicht, ondanks de titel. In 2013, terugkerend uit Tsjechië en Slowakije, raakten mijn vrouw en ik verzeild in Weimar, dat wij na verplichte koffie en gebak (het hele stadje is één melige *tearoom*) snel weer ontvluchtten. We moesten ons gebrek aan verering voor de grote man bekopen met panne, die reeds enkele tientallen kilometers buiten Weimer toesloeg, in het *Thüringerwald*. Goethe's beroemde gedicht 'Erlkönig' speelt natuurlijk ook in dit bos, waardoorheen een vader te paard het zoontje in zijn armen tevergeefs probeert in veiligheid te brengen voor de Elvenkoning, die hen achtervolgt. Het motief komt terug in Nabokovs *Pale Fire* (ik werk al bijna vijftig jaar aan een studie over dit toonbeeld van intertextualiteit), en in mijn gedicht 'Nachtbus' in de bundel *Klopsignalen* (In de Knipscheer, Haarlem 1978).

[169] Valentin Mudimbe, leidend Afrikaans-Amerikaanse intellectueel. Op een van zijn afbeeldingen op het internet verschijnt hij op een katheder in bont-gekleurde toga, met groot onbehaard voorhoofd, en in een lichaamshouding die sterk aan de linkerbovenhoek van deze houtsnede doet denken.

Der Soldat

De Dzjihadist[170]

Dat van die tweeënzeventig maagden blijkt niet waar
al ligt er één linksmidden in beeld, beeldschoon
met hartjesmond de boezem opgeprangd maar dood
als een ledepop; vijanden Christenhonden met trommels
komen uit hun graf aanzetten om de Dood te helpen
maar hun libellevleugels tonen hun ijle
immaterialiteit eenbenig[171] en met een
scheef weer opgezet hoofd strompelen
zij door de reeds vermalen lijken
hoe kan hún hoofd en romp wél
twee zijden hebben?

Allahoe ákbar[172] in de wiegende struisvogel-
staart van mijn armen op de stapels martelaren
in *close-up* overgaand tot schulpen *ajour*
dat slecht houvast biedt voor de voeten
waar een klaproos opbloeit onder de knie

---

[170] Actief beoefenaar van de hedendaagse ideologie volgens welke de geweld-
dadige verdelging van niet-Islamieten de opdracht van de Islam zou zijn. Er zijn
in de ca. 1400 jaar Islamitische geschiedenis door gelovigen ook heel andere
interpretaties aan het begrip جهاد *dzjihād* gegeven, onder meer 'herbekering',
en 'spirituele zelfoverwinning'. In een verrassende parallel met Oudgermaanse
strijders in Odinns *Walhalla* ('heilige zaal'), zouden ook gesneuvelde djihadis-
ten beloond worden met een ruime keur aan maagden – waarmee het naïef
sadistisch en sexistisch mensbeeld van deze anachronistische perversie van de
Islam voldoende gekenschetst is.

[171] Weer de mythische gestalte die slechts één kant van zijn lijf bezit. Hij speelt
in mijn werk van de laatste tien jaar over de vergelijkende mythologie een grote
rol, nadat ik hem reeds veertig jaar geleden bij de Nkoya had leren kennen.

[172] الله أكبر 'God is groter dan alles', kernspreuk van de Islam.

Het zwaard in schijnbeweging gekanteld dwars op
de bewegingsrichting, een van de
handbeschermers al afgehakt mijn
krullebol gedekt tot pagode, voor mijn kruis
in hic signo vinces het huisembleem de
boesie van de moedergodin de moeder
van Allah[173]

Blijft de grote vraag: van wie is het scheenbeen
dat de Dood onhandig in het midden beet heeft zijn slagkracht
verminderend

Zijn subtiel ingedeukt schild de slangenhuid
van zijn rechterbovenarm verraadt al: hij weert slechts af

Een schijngevecht,[174] want de Dood kent immers geen groter
bondgenoot dan deze naar de *qibla*[175] toege-
keerde poldermoslim
                    althans
                              tot I.S.[176] er aan komt.

---

[173] De Islamitische verering van de mannelijke ene god ontstond (onder sterke Joods-Christelijke invloed) in het polytheïstische milieu van Mekka, waarin vrouwelijke godinnen overheersten (6e eeuw van onze jaartelling). Volgens de legende bekeerde de Romeinse keizen Constantijn zich tot het Christendom na een droom waarin hem aan de vooravond van een veldslag een kruisbeeld werd getoond, met de woorden (hier in het Latijn geciteerd) 'in dit teken zult gij overwinnen'. *Boesie* is een Oud-Nederlands woord voor porceleinschelp / kauri-schelp, waarin allerwege een afbeelding wordt gezien van *het vrouwelijk geni-taal.*

[174] *Vgl.* de worsteling van Jacob (kleinzoon van Abraham en zo neef van de Arabieren) aan de Jabbok, die eveneens trekken van een schijngevecht ver-toont.

[175] قبلة , oriëntatie op Mekka, voor gebed en rituele slacht.

[176] I.S. ('Islamitische Staat'): Islamitische terreurbeweging die in de zomer van 2014 opeens opdook in Syrië en Irak, claimde het Khalifaat in ere te herstellen, en in korte tijd duizenden slachtoffers maakte. Inmiddels al weer aangevuld met de *Khorasan*-terreurbeweging, die haar naam en rechtvaardiging ontleent aan een bepaalde, wellicht apocrieve Islamitische religieuze overlevering (حديث *ḥadith*).

Daß iüngst gericht.

Het Punt Omega[177]

God blijkt de duivel, gnoehoorns[178] groei-
en uit zijn slapen één van zijn poten heeft zwemvliezen
hij verzamelt slechts dik-
buikige mannen hun pik op hun hoofd
één lanceert er een zwaan, een
Laatpaleolithisch object van het Baikalmeer[179]
wolkengriffioenen blazen de regenboog aan
maar met zijn kont recht op de Noordpool
en kruiswond[180] in minstens één hand
heeft hij, opeens veel ouder geworden,
te veel pijn om er echt op te letten

---

[177] Ook in deze houtsnede is de basisstructuur een armillaarsfeer, zie p. 82. Zoals ik heb uiteengezet in mijn pamflet over Otterspeers jonge Hermans, was ik als adolescent sterk onder de indruk van de geschriften van de Franse geoloog en Jezuïet Pierre Teilhard de Chardin, die toen voor publikatie beschikbaar kwamen. Hij herziet het idee van de Christelijke heilsgeschiedenis tot een, de hele kosmos omvattend, evolutieproces dat zou moeten leiden tot de uiteindelijke versmelting van de wereld in God, in een apotheose die hij 'het punt Omega' noemt.

[178] Een grote Zuidelijk-Afrikaanse antilopesoort met een afzichtelijke kop.

[179] In de Laatpaleolithische context van de Mal'ta cultuur bij het Baikalmeer zijn diverse houtsculpturen van vliegende zwanen gevonden, zie afbeelding op de volgende pagina; op de houtsnede met de bovenste pijl aangegeven.

[180] Christus werd volgens het Bijbelverslag gekruisigd, en sommige devote Christenen slagen erin wonden als van de verbeelde kruisiging in hun eigen handen en voeten op te roepen, de zogenaamde *stigmata*.

Inderdaad zit Teilhard
eerste frontloge aan de rechterhand
des Zoons (niet Vaders want Pater
was hij zelf al), vooraan
vijfde van rechts met puntneus[181]

Toch zijn het in hoofdzaak ook mannen
die beneden om toelating smeken
zij weten, deels na uitdrukkelijke inspectie, dat
op hún hoofd geen pik groeit
en houden dus angstvallig hun onderbuik afgewend
althans van de kijker, niet van God (die Jezus blijkt) –
hem tonen zij hem, als aapjes
maar er is minstens één vrouw:

'Vergeef mij mijn overgewicht, mijn billen
hunkeren hangend naar Hunkemöller'[182]
onder de gordel van Zodiak (slechts 14%
bijtelling) [183] heeft zij haar hersenen omhooggetost
naar het centrum van ♉,[184] er groeit een huisje op
te midden van glooiende weiden
haar plaatsje in Homēga Hemel, waar zij zal zijn
ὁ θεὸς πάντα ἐν πᾶσιν, nou ja, θεὰ,
d.w.z. creatief met kurk.[185]

---

[181] Met de onderste pijl aangegeven in de houtsnede.
[182] *Hunkemöller*: Nederlandse winkelketen in damesondergoed. Vgl. de beken-de regel van A. Roland Holst: 'verhevigt het verhouden hoog hen hoor' (*Een Winter aan Zee*, 1937, Amsterdam: Bert Bakker).
[183] Zodiak wordt hier opgevat als een lease-auto, waarvan in de reclame het per-centage belasting te betalen voor eigen gebruik tegenwoordig als voornaamste verkoopargument wordt opgevoerd.
[184] Het sterrenbeeld Taurus, weergegeven in de band die op de houtsnede de dierenriem voorstelt.

[185] Spr. *ho theòs / theà panta en pāsi*: 'in allen alles god / godin' – Pauluscitaat (1 *Kor.* 15:28) waarmee Teilhard zijn bekendste boek *Le Phénomène humain* afsluit. 'Creatief met kurk' (= evocatie van de goddelijke scheppingsdaad) was een ironisch TV-programma van Arjan Ederveen, Tosca Niterink en Pieter Kramer in de jaren 1993-1994, rond fictieve personages genaamd Theo en Thea.

Die wapen deß Thotß

Het blazoen van de Dood

Hier zijn we uitgedanst
de Dood blijkt een molensteen[186] op het hoofd
van de rabbijn, een blijde[187] die zelfs zonder gezicht
ons met zijn puntige rots tracht te verpletteren
een zandloper met animatie een te breed grijnzende
kerel met teddybeer-oren en een worm uit zijn bek hangend
een vrouw die mooi is aangekleed maar sip kijkt
een *tableau mourant* met weer diezelfde wolkendrollen
dus zeg maar dag met je mechanische handje
hier is niets meer te halen dan draperieën van het vlees

                    DOEK
- -

Ik weet wat de dood is:

ik was zesentwintig, machteloze papieren dokter
toen een kind van vier met witte tong stierf in mijn armen
ik ben twee maal onder schot gehouden, eens zo
dat de ijzige mond van de loop een ring van dood in mijn nek groefde
en als kind nacht na nacht de doodsangst van een kamerdeur
die niet opengaat maar de klink beweegt; ook later nog
ik hoor een inbreker in huis maar ik ben er niet meer, ik
kan niets meer bewegen niet roepen, ik
ben al dood

---

[186] De gemantelde mannelijke figuur links draagt een traditionele rabbijnen-hoed.

[187] Middeleeuws oorlogswerktuig, om stenen te werpen.

Erger nog: de dood verovert van binnen uit, de taal is zijn
deurwaarder, mijn letters zijn zeisen – je staat
met je baby in je armen en beseft dat je haar de trap
af zou kunnen gooien, of de schuldige
duizeling die je treft als je voor het eerst na weken
weer denkt aan je moeder, de juichende schaamte
als je je eigen gezicht zoekt niet herkent in het massagraf
dat na huichelend ontveinzend zogenaamd jaren zoeken
door archeologen in het bos bij Sobibor is gevonden[188]
en esthetisch verantwoord wordt getoond –

De luipaardmakende smaak van geitebloed direct
aan de zelf opengesneden halsslagader gedronken
terwijl de menigte geschokt terugwijkt maar toch blijft kijken[189]

Ik ken de Dood want ik heb hem zelf zijn prooi afhandig gemaakt:
toen ik je liefde verspeeld had (toen dacht ik nog aan mijn moeder)
volgde ik met niets dan mijn gebruikelijk dwingen
Orpheus de helle-afgrond in
waar jij lag aan kanker te sterven, en ook al leken
mijn lied en zang nergens naar, ook al
keek ik steeds om, ik haalde je terug[190]

---

[188] Getrouwe weergave van het nieuws van de derde week van september 2014.
Sobibor was een concentratiekamp van de nazi's in Polen en werd in 1943
ontmanteld. Kennelijk worden archeologen ingeschakeld om het naaste heden
tot ver verleden te maken.

[189] In het kader van antropologisch veldwerk in Zuidelijk Afrika (uitvoerig be-
schreven, onder meer in mijn boek *Intercultural encounters,* LIT, Berlijn /
Munster 2003) werd ik omstreeks 1989 opgenomen in de *sangoma*-cultus, waar-
van de in ritueel uniform geklede mediumieke ingewijden op hoogtijdagen ten
overstaan van een menigte buurtbewoners een geitenoffer brengen aan de
voorouders. De keel van het dier wordt aangesneden en één voor één zetten de
sangoma's hun mond daaraan en drinken het bloed dat door het nog kloppende
hart naar buiten wordt gestuwd. Het bloed lekt over hun gezicht, handen en
hun kleren, terwijl het dier sterft. De voorouder heeft bezit genomen van het
offerdier en neemt nu ook bezit van de mediums, die hun bezoekgeest schreeu-
wend verwelkomen. De toeschouwers wijken vol afschuw terug bij dit in hun
ogen weerzinwekkend dierlijke tafereel. Als speciaal privilege mag ik sinds 1991
in de cultus een luipaardvel dragen, en ik heb mij vervolgens jarenlang, en met
succes, toegelegd op het achterhalen van de wereldwijde symboliek daarvan, en
van soortgelijke gespikkelde patronen.

Niks 'stilte in de zaal':[191] de dood is alles
wat jij niet blijkt te zijn en ik ook niet als ik
je mag vinden, warm en gretig, zoekend
naar de engel-en-dier houding het punt *alpha et omega*
waarin onze huid het meeste contact heeft
en ik je toch (nog meer koesterend en pakkend)
kan blijven aankijken tranen lachend snikkend
in de alle verdriet en angst en woorden
verterende vreugde dat dit nog kan

Terwijl niettemin onder de zon van wie wij samen zijn
ons lichaam schaterend van ons afglijdt
als een oud sneeuwdek als ons
lichaam bij de dood.

[190] Dit Orpheusmotief beheerst mijn bundel *Eurydice* (2004).

[191] Verwijzing naar de laatste strofe van het bekende gedicht van Remco Campert, 'Poëzie is een daad...', uit de bundel *Het Huis Waarin Ik Woonde*, De Bezige Bij, Amsterdam 1955; ik heb het ook gebruikt in mijn toespraak aan het graf van mijn vader, 1991.

www.ingramcontent.com/pod-product-compliance
Lightning Source LLC
Chambersburg PA
CBHW060359090426
42734CB00011B/2191